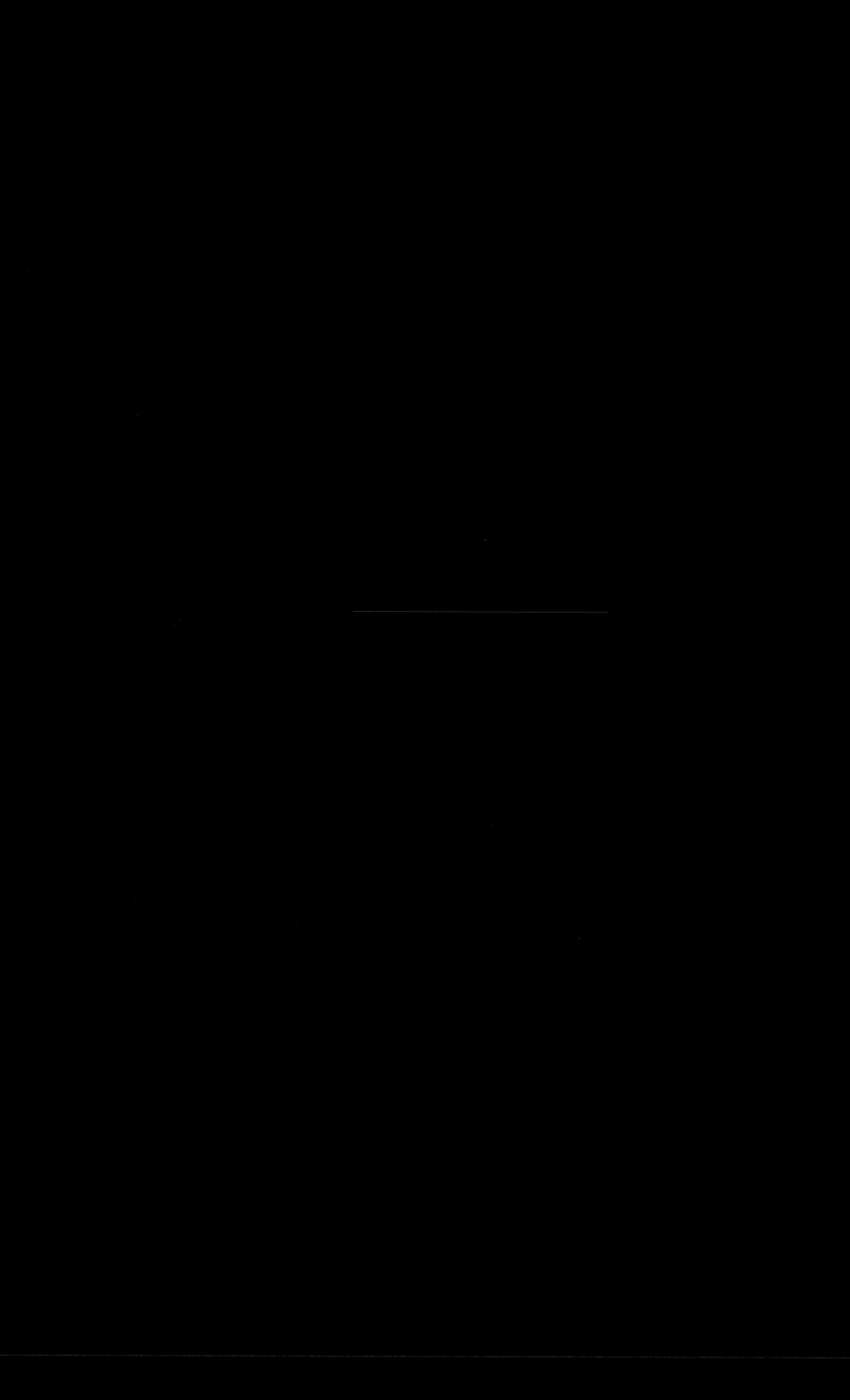

Color Palettes Book

配色パターンブック
写真からつくる美しい配色1000

ユーリ・ロマニュク
colorpalettes.net

BNN
Bug News Network

はじめに

配色パターンを紹介した本は、日本だけでなく、
世界各国で出版され、多くの方々に読まれてきました。

言語に関係なく、ビジュアルで伝わるため、
翻訳書として他の国で出版されることもあります。

本書は、世界6か国語で展開されている
ポーランドの人気配色サイト
「Color Palettes」を日本向けに再編集して出版したものです。

「Color Palettes」で紹介されている写真と配色パターンを
イメージ別、カラー別、20項目に分類。
それぞれの項目で、日本独自の配色を追加し、
約1000種類の配色を掲載しています。

写真から抽出された配色パターンは、「Color Palettes」の主宰者で、
デザイナー、写真家として活動するユーリ・ロマニュクが作成。
日本オリジナルの配色パターンは、本書のデザイナーであり、
数々の配色本制作の実績がある柴田沙央里が担当しています。

デザイナーによる美しい配色は、
今までにない新しい感覚を呼び覚ましてくれることでしょう。

contents 目次　　　イメージ別

012 romantic ロマンチック

024 elegant エレガント

036 soft ソフト

048 natural ナチュラル

060 fresh フレッシュ

072 clear クリア

084 organic オーガニック

096 vivid ビビッド

108 chic シック

120 classic クラシック

カラー別

この本の使い方

本書は、世界6か国語で展開されている人気配色サイト
「Color Palettes」(colorpalettes.net)に掲載されている写真と、
その写真から抽出された美しい配色パターンを掲載しています。

各配色は、「ロマンチック」「エレガント」などのイメージ別、
「赤」「オレンジ」などのカラー別の合計20項目に分類され、
約1000点の配色が紹介されています。

各項目最初の8ページでは
写真から抽出された美しい配色パターンを掲載。
そのあとの4ページには日本版で追加した
オリジナルの配色パターンを掲載しました。

配色は、CMYK、RGB、Webカラーの数値で表示されています。

CMYK：印刷物などで使われる色の数値。
C＝シアン、M＝マゼンタ、Y＝イエロー、K＝ブラックの
4色の掛け合わせ(%)で色を表現しています。

RGB：画面上などで使われる色の数値。
R＝レッド、G＝グリーン、B＝ブルーの3色の掛け合わせ(%)で
色を表現しています。

Webカラー：Webで使われる色の数値。
6桁の英数字で色を表現しています。

好みの配色を見つけたら、
その数値を打ち込むと同じ色を再現することができます。
なお、印刷の関係で、掲載された数値と印刷された色が
少しずれる場合もありますので、ご注意ください。

各項目名のインデックス

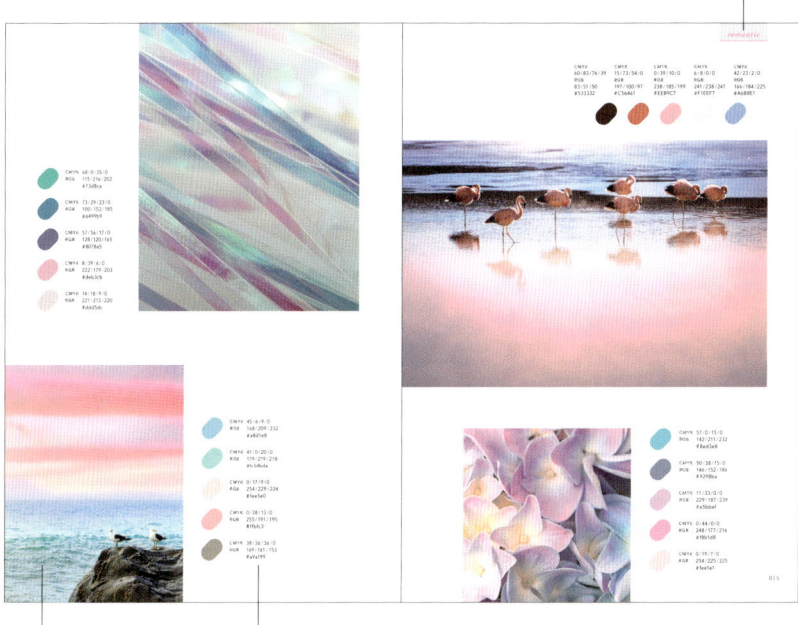

イメージやカラーを表す写真　　写真から抽出された配色の数値

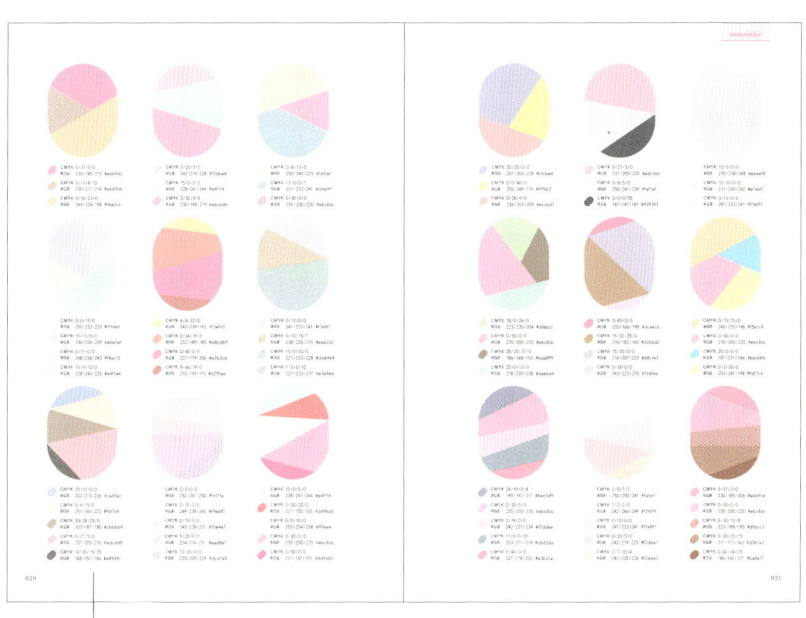

日本版オリジナル配色。
その項目のイメージやカラーにあった配色を掲載

007

色の基礎知識

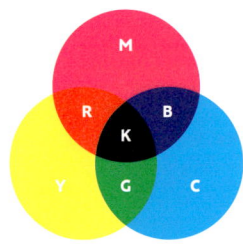

印刷の三原色（減法混色）

CMYK

印刷物などで使われる色の数値。C＝シアン、M＝マゼンタ、Y＝イエロー、K＝ブラックの4色の掛け合わせ（％）で色を表現します。CMYは印刷の三原色と言われ、C100％＋M100％＋Y100％をすべて混ぜると黒に近い色になります。このように色を混ぜるほど、暗く濁っていく混色方法を「減法混色」と言います。

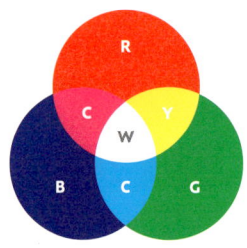

光の三原色（加法混色）

RGB

電子機器などの画面で使われる色の数値。R＝レッド、G＝グリーン、B＝ブルーの3色の掛け合わせ（％）で色を表現しています。RGBは光の三原色と言われ、R100％＋G100％＋B100％をすべて混ぜると白になります。このように色を混ぜるほど、明るくなる混色方法を「加法混色」と言います。

Webセーフカラー 216色

Webカラー

Webで使われる色の数値。6桁の英数字で色を表現します。黒は「#000000」、白は「#ffffff」、赤は「#ff0033」です。OSが異なる環境でも同じ色で再現できる216色を「Webセーフカラー」（左図）と言います。

マンセル表色系の色相環
[20色相]

彩度の違い

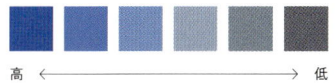

高 ←──────────→ 低

明度の違い

低 ←──────────→ 高

トーンの違い

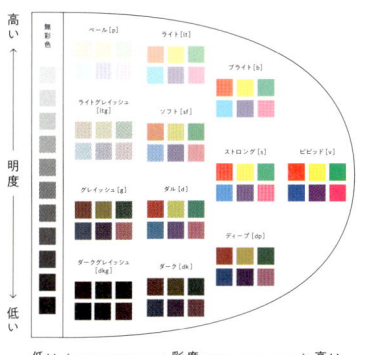

色相

赤や黄色といった色の種類のこと。赤、橙、黄、黄緑…と循環し、青、紫を経て再び赤に戻るような輪（色相環）で表されます。色相環には、基本5色相の間に色を置いた主要10色相や、マンセルシステムによって分類された20色相（左図）などの種類があります。

彩度

色の鮮やかさのこと。混じり気のない純度の高い色ほど彩度が高く、濁ってくすんだ色ほど彩度が低くなります。彩度が高いほど目立ちやすく、低いほど落ち着いた印象を与えます。

明度

色の明るさのこと。白に近い色ほど明度が高く、黒に近いほど明度が低くなります。同じ彩度の色でも、黄色は明度が高く、青は明度が低くなります。

トーン

明度と彩度の組み合わせによってできる色の調子のこと。左の図は12種類のトーンを明度と彩度の違いによって配置した図です。縦軸が明度、横軸が彩度を表しています。同じトーン内にある色は調和しやすいので、配色の参考にするとよいでしょう。

by image イメージ別

- *romantic* ロマンチック
- *elegant* エレガント
- *soft* ソフト
- *natural* ナチュラル
- *fresh* フレッシュ
- *clear* クリア
- *organic* オーガニック
- *vivid* ビビッド
- *chic* シック
- *classic* クラシック

CMYK
43 / 27 / 26 / 0
RGB
163 / 173 / 178
#a3adb2

CMYK
8 / 17 / 11 / 0
RGB
232 / 218 / 218
#e8dada

CMYK
2 / 17 / 14 / 0
RGB
243 / 224 / 215
#f3e0d7

CMYK
38 / 20 / 37 / 0
RGB
176 / 187 / 167
#b0bba7

CMYK
87 / 35 / 69 / 0
RGB
67 / 132 / 107
#43846b

romantic

ロマンチック

透明感のあるターコイズ、輝きのあるアクアマリン、クリーミーなピンクの組み合わせは、洗練されたロマンチックな配色です。バイオレットが加わると、ミステリアスな雰囲気を感じさせます。ピンクとライトパープルを中心に淡いトーンでまとめ、ライトグリーンやライトイエローを加えると、フレッシュな雰囲気になります。

	CMYK	68 / 0 / 35 / 0
	RGB	115 / 216 / 202
		#73d8ca
	CMYK	73 / 29 / 23 / 0
	RGB	100 / 153 / 185
		#6499b9
	CMYK	57 / 56 / 17 / 0
	RGB	128 / 120 / 165
		#8078a5
	CMYK	8 / 39 / 6 / 0
	RGB	222 / 179 / 203
		#deb3cb
	CMYK	14 / 18 / 9 / 0
	RGB	221 / 213 / 220
		#ddd5dc

	CMYK	45 / 6 / 9 / 0
	RGB	168 / 209 / 232
		#a8d1e8
	CMYK	41 / 0 / 20 / 0
	RGB	179 / 219 / 218
		#b3dbda
	CMYK	0 / 17 / 9 / 0
	RGB	254 / 229 / 224
		#fee5e0
	CMYK	0 / 38 / 13 / 0
	RGB	255 / 191 / 195
		#ffbfc3
	CMYK	38 / 36 / 36 / 0
	RGB	169 / 161 / 153
		#a9a199

romantic

CMYK	CMYK	CMYK	CMYK	CMYK
60/83/76/39	15/73/54/0	0/39/10/0	6/8/0/0	42/23/2/0
RGB	RGB	RGB	RGB	RGB
83/51/50	197/100/97	238/185/199	241/238/247	166/184/225
#533332	#C56461	#EEB9C7	#F1EEF7	#A6B8E1

CMYK 57/0/15/0
RGB 142/211/232
#8ed3e8

CMYK 50/38/15/0
RGB 146/152/186
#9298ba

CMYK 11/33/0/0
RGB 229/187/239
#e5bbef

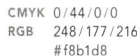
CMYK 0/44/0/0
RGB 248/177/216
#f8b1d8

CMYK 0/19/7/0
RGB 254/225/225
#fee1e1

CMYK
77 / 63 / 52 / 8
RGB
83 / 93 / 105
#535d69

CMYK
58 / 27 / 27 / 0
RGB
133 / 163 / 177
#85a3b1

CMYK
29 / 13 / 12 / 0
RGB
196 / 208 / 217
#c4d0d9

CMYK
12 / 12 / 4 / 0
RGB
228 / 225 / 235
#e4e1eb

CMYK
17 / 32 / 17 / 0
RGB
209 / 185 / 191
#d1b9bf

romantic

CMYK 5/61/7/0
RGB 218/133/175
#da85af

CMYK 6/37/0/0
RGB 234/184/227
#eab8e3

CMYK 9/21/7/0
RGB 229/212/222
#e5d4de

CMYK 5/4/1/0
RGB 244/244/248
#f4f4f8

CMYK 26/29/0/0
RGB 195/185/227
#c3b9e3

CMYK 53/48/39/0
RGB 135/130/137
#878289

CMYK 57/37/29/0
RGB 133/149/165
#8595a5

CMYK 33/14/10/0
RGB 188/204/220
#bcccdc

CMYK 5/25/16/0
RGB 234/206/202
#eaceca

CMYK 0/41/20/0
RGB 246/182/180
#f6b6b4

CMYK 65/65/0/0
RGB 113/101/178
#7165b2

CMYK 26/40/0/0
RGB 190/164/210
#bea4d2

CMYK 5/16/0/0
RGB 240/226/248
#f0e2f8

CMYK 32/17/0/0
RGB 189/204/255
#bdccff

CMYK 53/36/0/0
RGB 140/157/226
#8c9de2
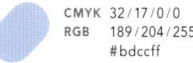

017

CMYK 45 / 29 / 19 / 0
RGB 159 / 170 / 189
#9faabd

CMYK 21 / 8 / 13 / 0
RGB 215 / 224 / 223
#d7e0df

CMYK 3 / 2 / 3 / 0
RGB 249 / 249 / 247
#f9f9f7

CMYK 7 / 9 / 25 / 0
RGB 241 / 234 / 202
#f1eaca

CMYK 24 / 27 / 15 / 0
RGB 197 / 187 / 197
#c5bbc5

CMYK 33 / 50 / 13 / 0
RGB 174 / 143 / 177
#ae8fb1

CMYK 10 / 16 / 0 / 0
RGB 230 / 221 / 238
#e6ddee

CMYK 34 / 4 / 0 / 0
RGB 190 / 223 / 255
#bedfff

CMYK 55 / 36 / 1 / 0
RGB 136 / 155 / 211
#889bd3

CMYK 86 / 76 / 40 / 3
RGB 67 / 78 / 116
#434e74

romantic

CMYK	CMYK	CMYK	CMYK	CMYK
63/78/51/9	49/55/37/0	0/4/12/0	8/32/32/0	22/52/43/0
RGB	RGB	RGB	RGB	RGB
107/75/95	142/122/136	254/248/231	226/190/167	192/143/131
#6b4b5f	#8e7a88	#fef8e7	#e2bea7	#c08f83

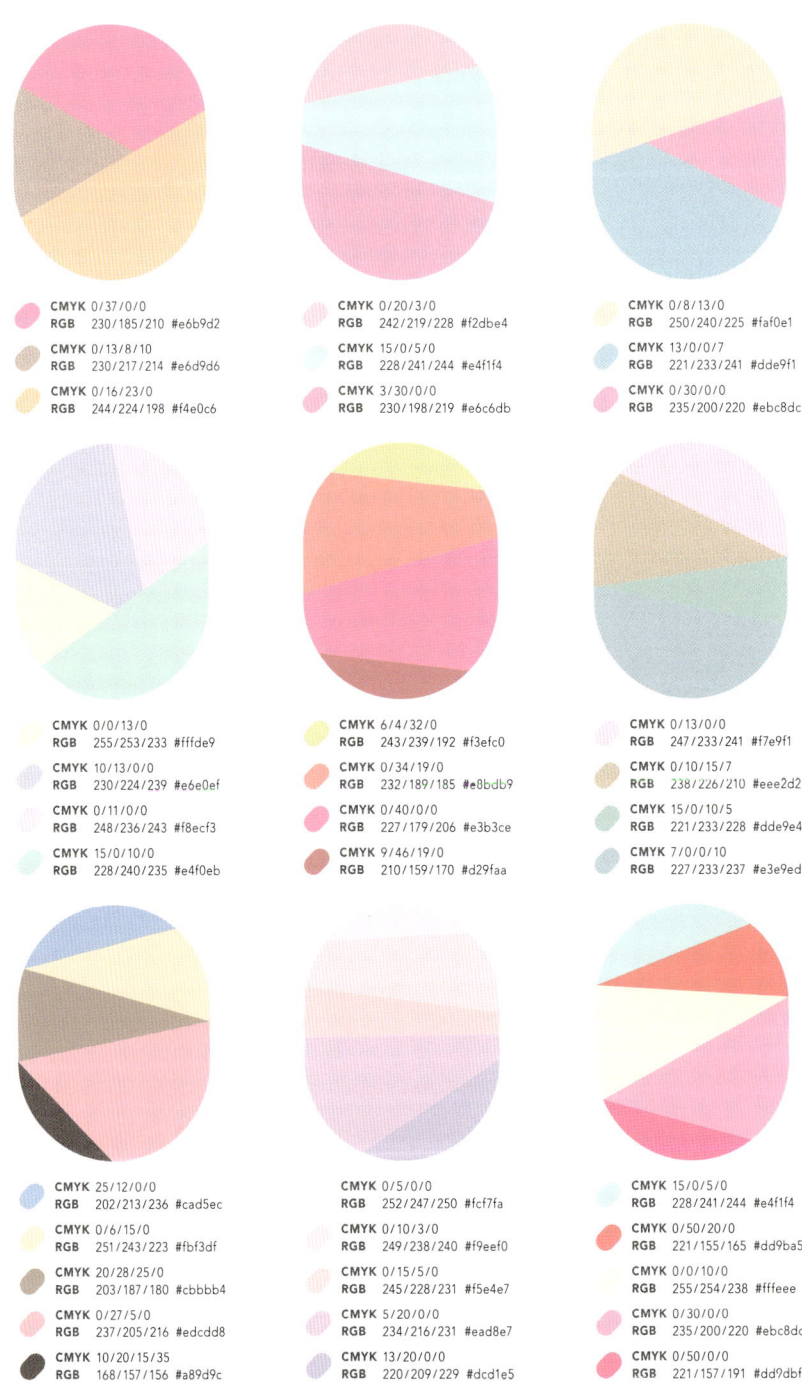

romantic

CMYK 20/20/0/0
RGB 207/203/228 #cfcbe4

CMYK 0/0/40/0
RGB 255/249/179 #fff9b3

CMYK 0/28/9/0
RGB 236/203/209 #eccbd1

CMYK 0/27/3/0
RGB 237/205/220 #edcddc

CMYK 0/8/5/0
RGB 250/241/239 #faf1ef

CMYK 0/0/0/55
RGB 147/147/147 #939393

CMYK 10/5/0/0
RGB 235/238/248 #ebeef8

CMYK 10/10/0/0
RGB 231/230/242 #e7e6f2

CMYK 0/13/0/0
RGB 247/233/241 #f7e9f1

CMYK 18/0/26/0
RGB 223/235/204 #dfebcc

CMYK 0/30/0/0
RGB 235/200/220 #ebc8dc

CMYK 28/35/37/0
RGB 186/168/153 #baa899

CMYK 20/0/13/0
RGB 218/235/228 #daebe4

CMYK 3/45/0/0
RGB 220/166/198 #dca6c6

CMYK 15/32/35/0
RGB 210/182/160 #d2b6a0

CMYK 15/20/0/0
RGB 216/207/229 #d8cfe5

CMYK 0/18/0/0
RGB 243/223/235 #f3dfeb

CMYK 0/15/25/0
RGB 245/225/196 #f5e1c4

CMYK 0/30/0/0
RGB 235/200/220 #ebc8dc

CMYK 35/0/0/0
RGB 187/221/246 #bbddf6

CMYK 0/3/30/0
RGB 253/247/198 #fdf7c6

CMYK 24/19/0/8
RGB 190/192/217 #bec0d9

CMYK 0/30/0/0
RGB 235/200/220 #ebc8dc

CMYK 0/13/0/0
RGB 242/221/234 #f2ddea

CMYK 11/0/0/20
RGB 203/211/218 #cbd3da

CMYK 0/40/3/0
RGB 227/178/202 #e3b2ca

CMYK 2/0/7/2
RGB 250/250/241 #fafaf1

CMYK 7/2/2/0
RGB 242/246/249 #f2f6f9

CMYK 0/13/0/0
RGB 247/233/241 #f7e9f1

CMYK 0/20/5/0
RGB 242/219/225 #f2dbe1

CMYK 2/7/10/4
RGB 242/235/226 #f2ebe2

CMYK 0/37/3/0
RGB 230/185/206 #e6b9ce

CMYK 0/30/0/0
RGB 235/200/220 #ebc8dc

CMYK 0/30/10/8
RGB 223/188/195 #dfbcc3

CMYK 0/30/25/15
RGB 211/177/163 #d3b1a3

CMYK 0/42/34/25
RGB 186/142/127 #ba8e7f

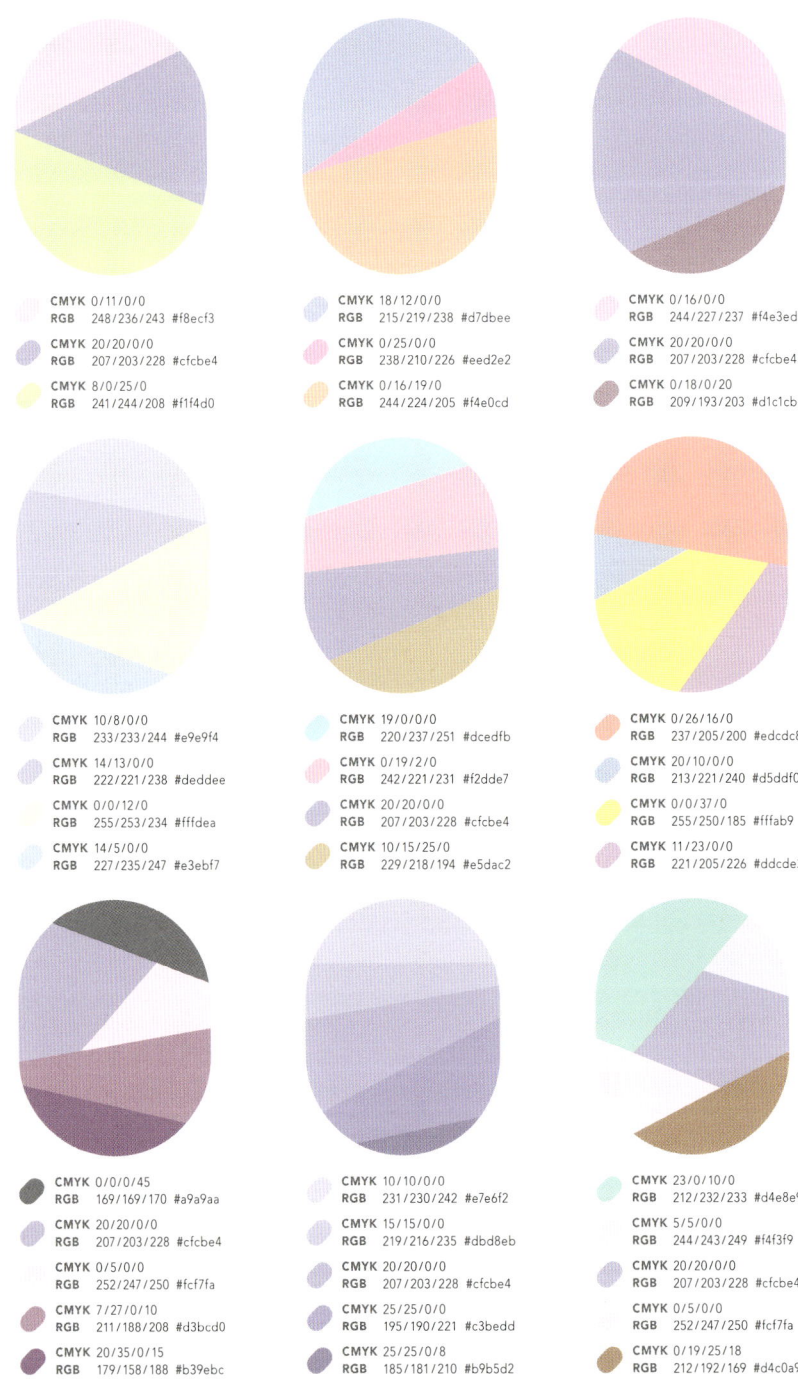

romantic

- **CMYK** 12/0/14/0
  RGB 234/242/228 #eaf2e4
- **CMYK** 9/12/0/0
  RGB 232/227/240 #e8e3f0
- **CMYK** 0/14/0/0
  RGB 246/231/240 #f6e7f0

- **CMYK** 24/34/0/0
  RGB 192/175/209 #c0afd1
- **CMYK** 0/0/23/0
  RGB 255/252/214 #fffcd6
- **CMYK** 15/0/0/10
  RGB 213/226/235 #d5e2eb

- **CMYK** 23/8/0/0
  RGB 208/221/241 #d0ddf1
- **CMYK** 7/0/0/13
  RGB 222/227/232 #dee3e8
- **CMYK** 18/20/0/0
  RGB 211/205/228 #d3cde4

- **CMYK** 23/0/17/0
  RGB 213/231/220 #d5e7dc
- **CMYK** 10/0/0/0
  RGB 237/246/253 #edf6fd
- **CMYK** 20/20/0/0
  RGB 207/203/228 #cfcbe4
- **CMYK** 15/0/0/0
  RGB 228/241/252 #e4f1fc

- **CMYK** 2/0/0/4
  RGB 246/248/249 #f6f8f9
- **CMYK** 9/9/0/0
  RGB 234/232/244 #eae8f4
- **CMYK** 3/0/3/0
  RGB 250/252/250 #fafcfa
- **CMYK** 4/0/4/4
  RGB 243/245/242 #f3f5f2

- **CMYK** 0/10/20/20
  RGB 214/203/182 #d6cbb6
- **CMYK** 9/0/21/0
  RGB 240/244/216 #f0f4d8
- **CMYK** 5/15/7/0
  RGB 237/224/227 #ede0e3
- **CMYK** 10/17/0/15
  RGB 204/195/211 #ccc3d3

- **CMYK** 5/0/25/0
  RGB 247/247/209 #f7f7d1
- **CMYK** 0/20/5/0
  RGB 242/219/225 #f2dbe1
- **CMYK** 0/0/33/0
  RGB 255/250/194 #fffac2
- **CMYK** 5/35/0/0
  RGB 224/186/212 #e0bad4
- **CMYK** 15/0/10/0
  RGB 228/240/235 #e4f0eb

- **CMYK** 20/20/0/0
  RGB 207/203/228 #cfcbe4
- **CMYK** 0/18/0/0
  RGB 243/223/235 #f3dfeb
- **CMYK** 0/16/19/0
  RGB 244/224/205 #f4e0cd
- **CMYK** 0/22/0/5
  RGB 233/209/223 #e9d1df
- **CMYK** 22/12/0/0
  RGB 208/215/237 #d0d7ed

- **CMYK** 10/20/0/0
  RGB 225/212/230 #e1d4e6
- **CMYK** 11/0/0/0
  RGB 235/245/253 #ebf5fd
- **CMYK** 10/10/0/0
  RGB 231/230/242 #e7e6f2
- **CMYK** 7/0/3/0
  RGB 243/248/249 #f3f8f9
- **CMYK** 20/15/0/0
  RGB 210/212/234 #d2d4ea

CMYK	CMYK	CMYK	CMYK	CMYK
10 / 92 / 58 / 0	38 / 32 / 72 / 0	3 / 10 / 11 / 0	21 / 49 / 53 / 0	55 / 80 / 90 / 60
RGB	RGB	RGB	RGB	RGB
199 / 46 / 79	175 / 167 / 96	245 / 235 / 227	196 / 148 / 117	68 / 35 / 23
#c72e4f	#afa760	#f5ebe3	#c49475	#442317

elegant

エレガント

温かく深みのあるオレンジ、レッド、グリーンの組み合わせは、誕生日や記念日など、お祝いのデザインにふさわしい配色パターンです。グレイッシュなピンクとグリーンは、落ち着きと上品さがあり、ウェディングにも最適です。ワインレッド、ブラウン、グレイッシュなピンクに、グレーやベージュを合わせると、エレガントな配色になります。

CMYK 3/18/33/0
RGB 243/220/179
#f3dcb3

CMYK 0/22/58/0
RGB 253/215/122
#fdd77a

CMYK 4/40/83/0
RGB 231/175/62
#e7af3e

CMYK 22/76/100/0
RGB 185/92/26
#b95c1a

CMYK 50/86/80/70
RGB 66/16/13
#42100d

CMYK 63/90/71/43
RGB 75/39/50
#4b2732

CMYK 17/90/58/0
RGB 189/57/82
#bd3952

CMYK 0/66/57/0
RGB 254/124/89
#fe7c59

CMYK 0/52/40/0
RGB 254/159/134
#fe9f86

CMYK 65/36/94/0
RGB 119/141/68
#778d44

elegant

CMYK	CMYK	CMYK	CMYK	CMYK
74/97/55/29	22/31/30/0	16/96/47/0	0/40/3/0	37/36/69/0
RGB	RGB	RGB	RGB	RGB
72/38/71	200/182/170	190/30/90	243/185/210	174/160/99
#482647	#c8b6aa	#be1e5a	#f3b9d2	#aea063

 CMYK 5/40/69/0
RGB 229/174/94
#e5ae5e

 CMYK 0/8/27/0
RGB 255/242/200
#fff2c8

 CMYK 1/60/7/0
RGB 224/138/177
#e08ab1

 CMYK 58/100/56/16
RGB 106/27/74
#6a1b4a

 CMYK 81/100/52/13
RGB 76/0/88
#4c0058

027

CMYK
52 / 87 / 75 / 77
RGB
45 / 0 / 15
#2d000f

CMYK
36 / 94 / 53 / 0
RGB
157 / 48 / 87
#9d3057

CMYK
6 / 63 / 0 / 0
RGB
219 / 126 / 185
#db7eb9

CMYK
0 / 25 / 51 / 0
RGB
254 / 211 / 136
#fed388

CMYK
0 / 55 / 66 / 0
RGB
254 / 150 / 80
#fe9650

elegant

CMYK 54/100/91/42
RGB 86/18/32
#561220

CMYK 30/82/43/0
RGB 171/78/107
#ab4e6b

CMYK 6/36/0/0
RGB 229/188/217
#e5bcd9

CMYK 16/2/24/0
RGB 229/238/210
#e5eed2

CMYK 36/15/64/0
RGB 187/198/120
#bbc678

CMYK 31/100/100/1
RGB 166/24/26
#a6181a

CMYK 0/54/45/0
RGB 234/150/124
#ea967c

CMYK 3/28/45/0
RGB 237/200/148
#edc894

CMYK 9/4/25/0
RGB 241/241/207
#f1f1cf

CMYK 58/48/100/3
RGB 127/125/51
#7f7d33

CMYK 60/78/72/83
RGB 34/8/0
#220800

CMYK 43/80/45/0
RGB 148/81/106
#94516a

CMYK 14/48/33/0
RGB 208/156/151
#d09c97

CMYK 8/18/15/0
RGB 231/216/210
#e7d8d2

CMYK 5/5/5/0
RGB 244/243/241
#f4f3f1

	CMYK	54 / 94 / 100 / 42
	RGB	87 / 34 / 25
		#572219

	CMYK	37 / 83 / 68 / 1
	RGB	157 / 75 / 76
		#9d4b4c

	CMYK	19 / 43 / 28 / 0
	RGB	201 / 162 / 163
		#c9a2a3

	CMYK	7 / 17 / 18 / 0
	RGB	234 / 219 / 207
		#eadbcf

	CMYK	4 / 9 / 8 / 0
	RGB	244 / 237 / 233
		#f4ede9

	CMYK	54 / 100 / 100 / 45
	RGB	83 / 6 / 12
		#53060c

	CMYK	23 / 98 / 67 / 0
	RGB	178 / 32 / 69
		#b22045

	CMYK	20 / 16 / 12 / 0
	RGB	210 / 209 / 214
		#d2d1d6

	CMYK	53 / 22 / 62 / 0
	RGB	147 / 171 / 121
		#93ab79

	CMYK	81 / 58 / 100 / 31
	RGB	64 / 81 / 37
		#405125

elegant

CMYK	CMYK	CMYK	CMYK	CMYK
4/0/38/0	0/26/63/0	28/69/49/0	62/100/79/55	30/30/30/100
RGB	RGB	RGB	RGB	RGB
255/254/183	255/208/108	177/107/108	64/17/33	20/1/4
#fffeb7	#ffd06c	#b16b6c	#401121	#140104

- **CMYK** 0/60/10/0
  RGB 214/133/165 #d685a5
- **CMYK** 49/83/41/0
  RGB 132/72/105 #844869
- **CMYK** 0/20/44/20
  RGB 208/184/135 #d0b887

- **CMYK** 0/60/15/49
  RGB 136/83/102 #885366
- **CMYK** 5/0/27/0
  RGB 247/247/205 #f7f7cd
- **CMYK** 41/69/14/0
  RGB 148/99/147 #946393

- **CMYK** 16/18/0/13
  RGB 197/192/212 #c5c0d4
- **CMYK** 15/5/16/0
  RGB 226/232/219 #e2e8db
- **CMYK** 38/58/23/10
  RGB 148/114/140 #94728c

- **CMYK** 35/100/0/40
  RGB 106/0/91 #6a005b
- **CMYK** 20/10/20/10
  RGB 200/205/193 #c8cdc1
- **CMYK** 25/80/50/35
  RGB 128/60/72 #803c48
- **CMYK** 8/29/34/15
  RGB 200/173/149 #c8ad95

- **CMYK** 18/62/38/17
  RGB 166/107/112 #a66b70
- **CMYK** 18/12/40/0
  RGB 216/214/167 #d8d6a7
- **CMYK** 25/100/25/35
  RGB 123/0/80 #7b0050
- **CMYK** 0/33/43/20
  RGB 200/163/127 #c8a37f

- **CMYK** 23/100/43/50
  RGB 104/0/55 #680037
- **CMYK** 20/65/35/0
  RGB 183/114/127 #b7727f
- **CMYK** 35/80/0/45
  RGB 104/48/101 #683065
- **CMYK** 0/33/43/20
  RGB 200/163/127 #c8a37f

- **CMYK** 15/15/20/0
  RGB 220/214/202 #dcd6ca
- **CMYK** 0/15/30/30
  RGB 192/177/148 #c0b194
- **CMYK** 20/55/35/30
  RGB 149/106/109 #956a6d
- **CMYK** 10/45/30/15
  RGB 189/144/141 #bd908d
- **CMYK** 3/10/19/5
  RGB 237/226/205 #ede2cd

- **CMYK** 32/72/56/51
  RGB 101/57/57 #653939
- **CMYK** 0/30/40/25
  RGB 193/161/128 #c1a180
- **CMYK** 23/94/20/55
  RGB 98/0/67 #620043
- **CMYK** 30/30/15/35
  RGB 138/133/145 #8a8591
- **CMYK** 0/3/30/8
  RGB 240/234/188 #f0eabc

- **CMYK** 5/24/30/15
  RGB 208/184/160 #d0b8a0
- **CMYK** 20/70/40/40
  RGB 129/72/83 #814853
- **CMYK** 27/47/48/23
  RGB 153/123/105 #997b69
- **CMYK** 45/90/60/10
  RGB 128/55/76 #80374c
- **CMYK** 17/27/21/20
  RGB 180/165/163 #b4a5a3

elegant

- CMYK 60/70/25/50
  RGB 72/55/86 #483756
- CMYK 18/31/39/20
  RGB 177/157/133 #b19d85
- CMYK 75/55/65/20
  RGB 79/94/85 #4f5e55

- CMYK 19/41/0/37
  RGB 144/121/148 #907994
- CMYK 10/25/40/13
  RGB 203/181/145 #cbb591
- CMYK 31/83/51/20
  RGB 139/64/81 #8b4051

- CMYK 0/27/30/25
  RGB 195/167/146 #c3a792
- CMYK 9/30/13/0
  RGB 220/192/199 #dcc0c7
- CMYK 28/10/25/20
  RGB 171/182/170 #abb6aa

- CMYK 15/65/45/22
  RGB 162/98/97 #a26261
- CMYK 0/25/0/15
  RGB 214/189/204 #d6bdcc
- CMYK 0/0/36/0
  RGB 255/250/187 #fffabb
- CMYK 37/44/0/0
  RGB 164/147/194 #a493c2

- CMYK 27/68/10/15
  RGB 154/95/139 #9a5f8b
- CMYK 36/54/49/29
  RGB 130/102/94 #82665e
- CMYK 5/45/19/0
  RGB 217/163/172 #d9a3ac
- CMYK 34/49/69/20
  RGB 147/119/79 #93774f

- CMYK 35/30/15/5
  RGB 170/168/186 #aaa8ba
- CMYK 29/85/32/29
  RGB 129/53/90 #81355a
- CMYK 0/47/20/26
  RGB 182/133/139 #b6858b
- CMYK 15/36/8/58
  RGB 115/97/110 #73616e

- CMYK 14/24/52/20
  RGB 186/169/118 #baa976
- CMYK 54/84/41/14
  RGB 112/63/96 #703f60
- CMYK 68/50/62/41
  RGB 75/84/73 #4b5449
- CMYK 0/77/26/34
  RGB 155/69/96 #9b4560
- CMYK 10/20/40/8
  RGB 214/196/154 #d6c49a

- CMYK 0/35/20/10
  RGB 216/175/172 #d8afac
- CMYK 0/20/15/0
  RGB 242/217/208 #f2d9d0
- CMYK 0/13/30/40
  RGB 173/161/134 #ada186
- CMYK 9/9/21/0
  RGB 234/230/208 #eae6d0
- CMYK 15/20/5/20
  RGB 187/179/192 #bbb3c0

- CMYK 0/40/0/13
  RGB 208/163/189 #d0a3bd
- CMYK 37/78/49/0
  RGB 153/84/99 #995463
- CMYK 18/9/19/0
  RGB 218/222/209 #daded1
- CMYK 0/100/10/70
  RGB 89/0/50 #590032
- CMYK 39/59/68/20
  RGB 136/102/76 #88664c

- **CMYK** 0/30/45/15
  RGB 210/175/131 #d2af83
- **CMYK** 0/35/20/65
  RGB 113/91/89 #715b59
- **CMYK** 15/20/5/10
  RGB 203/194/208 #cbc2d0

- **CMYK** 5/5/10/0
  RGB 244/242/232 #f4f2e8
- **CMYK** 55/65/90/15
  RGB 115/91/55 #735b37
- **CMYK** 0/35/20/25
  RGB 190/155/152 #be9b98

- **CMYK** 25/78/0/57
  RGB 97/41/86 #612956
- **CMYK** 10/90/90/30
  RGB 148/46/31 #942e1f
- **CMYK** 0/9/13/35
  RGB 185/178/168 #b9b2a8

- **CMYK** 100/85/5/30
  RGB 23/46/114 #172e72
- **CMYK** 0/35/15/5
  RGB 224/182/185 #e0b6b9
- **CMYK** 3/5/5/3
  RGB 243/240/238 #f3f0ee
- **CMYK** 30/35/70/10
  RGB 172/153/90 #ac995a

- **CMYK** 10/20/45/15
  RGB 203/186/138 #cbba8a
- **CMYK** 5/80/0/60
  RGB 107/38/80 #6b2650
- **CMYK** 5/15/15/20
  RGB 204/193/185 #ccc1b9
- **CMYK** 0/100/55/25
  RGB 162/0/61 #a2003d

- **CMYK** 30/20/5/5
  RGB 183/189/212 #b7bdd4
- **CMYK** 5/5/10/0
  RGB 244/242/232 #f4f2e8
- **CMYK** 5/10/10/5
  RGB 233/226/220 #e9e2dc
- **CMYK** 10/32/35/31
  RGB 169/145/126 #a9917e

- **CMYK** 10/100/100/15
  RGB 166/16/26 #a6101a
- **CMYK** 0/55/35/25
  RGB 179/119/115 #b37773
- **CMYK** 5/5/10/0
  RGB 244/242/232 #f4f2e8
- **CMYK** 50/56/55/0
  RGB 138/118/108 #8a766c
- **CMYK** 0/40/20/10
  RGB 213/165/166 #d5a5a6

- **CMYK** 0/8/5/7
  RGB 239/231/229 #efe7e5
- **CMYK** 25/12/19/8
  RGB 193/200/195 #c1c8c3
- **CMYK** 0/10/65/5
  RGB 241/222/114 #f1de72
- **CMYK** 5/5/10/0
  RGB 244/242/232 #f4f2e8
- **CMYK** 5/15/10/5
  RGB 230/21//215 #e6d9d/

- **CMYK** 33/66/20/39
  RGB 117/76/105 #754c69
- **CMYK** 0/10/0/35
  RGB 185/178/183 #b9b2b7
- **CMYK** 0/15/5/0
  RGB 245/228/231 #f5e4e7
- **CMYK** 0/75/20/60
  RGB 111/47/72 #6f2f48
- **CMYK** 5/20/20/90
  RGB 59/50/45 #3b322d

elegant

- CMYK 15/85/70/40　RGB 130/49/46 #82312e
- CMYK 10/35/10/0　RGB 216/181/189 #d8b5bd
- CMYK 3/15/10/0　RGB 225/211/208 #e1d3d0

- CMYK 15/40/45/20　RGB 177/144/118 #b19076
- CMYK 20/22/15/0　RGB 207/198/203 #cfc6cb
- CMYK 0/37/0/47　RGB 149/120/137 #957889

- CMYK 25/100/100/30　RGB 130/19/25 #821319
- CMYK 3/10/5/3　RGB 240/231/232 #f0e7e8
- CMYK 25/3/25/15　RGB 187/202/183 #bbcab7

- CMYK 31/55/47/0　RGB 171/129/120 #ab8178
- CMYK 5/10/45/10　RGB 225/213/150 #e1d596
- CMYK 15/85/100/40　RGB 130/49/13 #82310d
- CMYK 20/15/0/5　RGB 204/206/227 #cccee3

- CMYK 0/5/50/5　RGB 244/232/149 #f4e895
- CMYK 70/70/40/10　RGB 92/83/110 #5c536e
- CMYK 15/15/20/0　RGB 220/214/202 #dcd6ca
- CMYK 70/90/40/0　RGB 95/58/103 #5f3a67

- CMYK 20/0/0/27　RGB 176/191/203 #b0bfcb
- CMYK 14/15/16/0　RGB 221/216/209 #ddd8d1
- CMYK 0/45/20/10　RGB 210/156/161 #d29ca1
- CMYK 0/55/57/40　RGB 154/100/73 #9a6449

- CMYK 0/55/88/60　RGB 116/74/13 #744a0d
- CMYK 0/18/56/5　RGB 235/209/128 #ebd180
- CMYK 32/53/0/0　RGB 169/133/183 #a985b7
- CMYK 3/3/3/3　RGB 245/244/243 #f5f4f3
- CMYK 45/70/0/20　RGB 122/81/139 #7a518b

- CMYK 0/73/100/62　RGB 108/49/0 #6c3100
- CMYK 5/15/23/0　RGB 237/222/199 #eddec7
- CMYK 0/15/10/0　RGB 245/228/222 #f5e4de
- CMYK 0/27/29/41　RGB 165/141/125 #a58d7d
- CMYK 10/85/60/0　RGB 189/72/79 #bd484f

- CMYK 0/100/50/25　RGB 162/0/65 #a20041
- CMYK 5/5/10/0　RGB 244/242/232 #f4f2e8
- CMYK 0/90/80/5　RGB 194/57/50 #c23932
- CMYK 10/100/30/40　RGB 130/0/71 #820047
- CMYK 0/9/19/20　RGB 214/205/184 #d6cdb8

CMYK	CMYK	CMYK	CMYK	CMYK
37 / 28 / 24 / 0	17 / 10 / 8 / 0	4 / 3 / 4 / 0	4 / 10 / 10 / 0	12 / 18 / 19 / 0
RGB	RGB	RGB	RGB	RGB
174 / 176 / 180	219 / 223 / 228	247 / 247 / 246	243 / 235 / 228	224 / 212 / 202
#aeb0b4	#dbdfe4	#f7f7f6	#f3ebe4	#e0d4ca

ソフト

ソフトなパステル調の色調は、スタイリッシュで落ち着き、居心地のよさや快適さを演出します。明るいブルーをベースにすると、さらに彩度の高い色に見えます。バスルームやベッドルームのインテリアで使う場合は、このくらいの明るさが適切です。淡いペールトーンの色でまとめると、ソフトで優しい配色になります。

CMYK 0/10/13/0
RGB 252/238/224
#fceee0

CMYK 0/23/30/0
RGB 254/217/180
#fed9b4

CMYK 13/40/51/0
RGB 214/170/128
#d6aa80

CMYK 46/15/19/0
RGB 162/192/204
#a2c0cc

CMYK 76/37/36/0
RGB 91/137/155
#5b899b

CMYK 64/42/56/0
RGB 117/133/118
#758576

CMYK 34/13/25/0
RGB 189/205/196
#bdcdc4

CMYK 8/5/4/0
RGB 239/241/244
#eff1f4

CMYK 32/8/16/0
RGB 195/215/217
#c3d7d9

CMYK 48/2/22/0
RGB 165/211/212
#a5d3d4

soft

CMYK	CMYK	CMYK	CMYK	CMYK
37/73/100/1	4/50/90/0	10/5/45/0	7/16/16/0	4/4/3/0
RGB	RGB	RGB	RGB	RGB
160/94/43	224/153/44	241/238/166	235/221/210	247/245/246
#A05E2B	#E0992C	#F1EEA6	#EBDDD2	#F7F5F6

CMYK 68/59/56/6
RGB 101/102/103
#656667

CMYK 39/28/26/0
RGB 169/174/177
#a9aeb1

CMYK 18/13/6/0
RGB 216/218/230
#d8dae6

CMYK 8/6/7/0
RGB 238/238/236
#eeeeec

CMYK 21/15/22/0
RGB 210/211/199
#d2d3c7

CMYK
59/71/90/71
RGB
56/30/2
#381e02

CMYK
48/61/89/5
RGB
140/109/61
#8c6d3d

CMYK
15/14/29/0
RGB
222/216/189
#ded8bd

CMYK
10/4/7/0
RGB
236/240/239
#ecf0ef

CMYK
33/9/11/0
RGB
191/213/224
#bfd5e0

soft

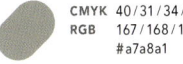
CMYK 40/31/34/0
RGB 167/168/161
#a7a8a1

CMYK 11/25/48/0
RGB 226/200/144
#e2c890

CMYK 7/12/19/0
RGB 237/228/210
#ede4d2

CMYK 2/6/5/0
RGB 249/244/241
#f9f4f1

CMYK 34/19/16/0
RGB 185/195/205
#b9c3cd

CMYK 79/58/35/0
RGB 83/106/137
#536a89

CMYK 28/10/21/0
RGB 201/214/205
#c9d6cd

CMYK 6/5/5/0
RGB 243/242/241
#f3f2f1

CMYK 19/23/30/0
RGB 210/198/177
#d2c6b1

CMYK 19/50/44/0
RGB 199/149/131
#c79583

CMYK 59/20/31/0
RGB 134/173/178
#86adb2

CMYK 26/3/9/0
RGB 209/230/235
#d1e6eb

CMYK 7/0/4/0
RGB 245/251/249
#f5fbf9

CMYK 8/5/14/0
RGB 239/239/225
#efefe1

CMYK 18/9/38/0
RGB 223/224/176
#dfe0b0

041

- CMYK 47/50/40/0
  RGB 146/131/135
  #928387

- CMYK 27/32/14/0
  RGB 191/178/195
  #bfb2c3

- CMYK 14/15/9/0
  RGB 222/217/223
  #ded9df

- CMYK 2/3/0/0
  RGB 250/249/254
  #faf9fe

- CMYK 17/26/38/0
  RGB 213/194/162
  #d5c2a2

- CMYK 83/53/100/21
  RGB 66/94/41
  #425e29

- CMYK 65/31/87/0
  RGB 120/148/79
  #78944f

- CMYK 1/1/2/0
  RGB 252/252/250
  #fcfcfa

- CMYK 8/18/11/0
  RGB 231/217/218
  #e7d9da

- CMYK 1/57/33/0
  RGB 225/143/143
  #e18f8f

soft

CMYK
61 / 39 / 76 / 0
RGB
125 / 139 / 90
#7d8b5a

CMYK
36 / 27 / 63 / 0
RGB
181 / 177 / 115
#b5b173

CMYK
10 / 10 / 20 / 0
RGB
234 / 230 / 210
#eae6d2

CMYK
15 / 9 / 14 / 0
RGB
224 / 226 / 220
#e0e2dc

CMYK
50 / 24 / 36 / 0
RGB
152 / 173 / 164
#98ada4

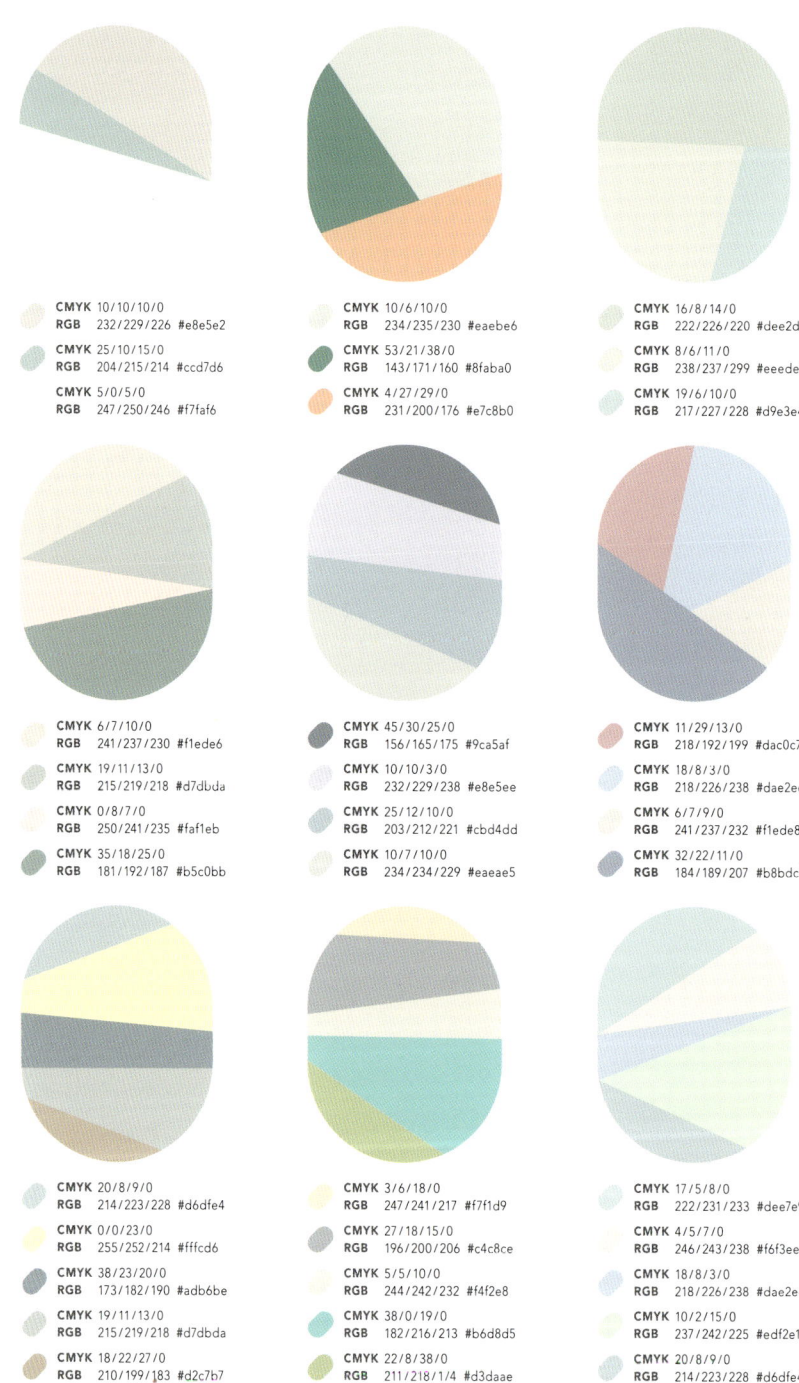

soft

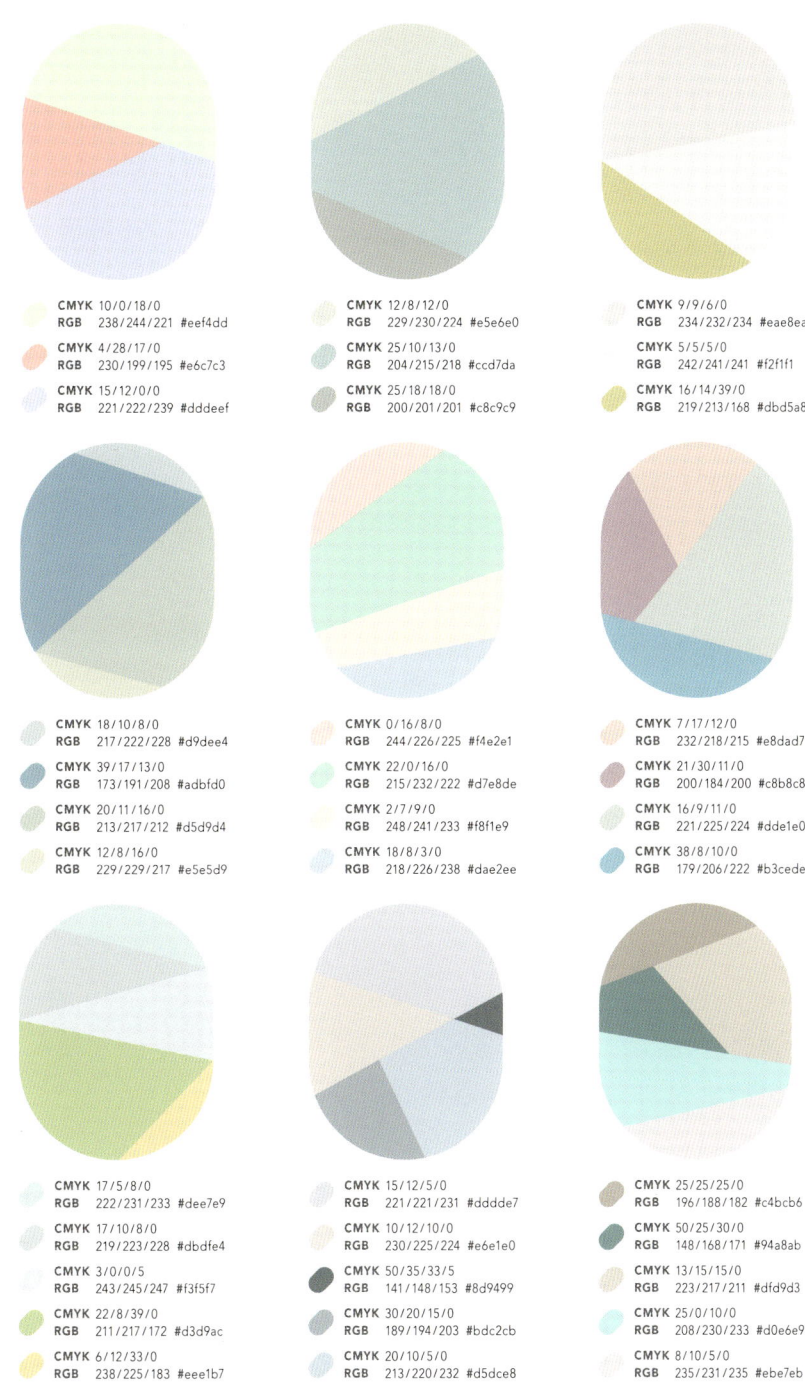

CMYK 10/0/18/0
RGB 238/244/221 #eef4dd
CMYK 4/28/17/0
RGB 230/199/195 #e6c7c3
CMYK 15/12/0/0
RGB 221/222/239 #dddeef

CMYK 12/8/12/0
RGB 229/230/224 #e5e6e0
CMYK 25/10/13/0
RGB 204/215/218 #ccd7da
CMYK 25/18/18/0
RGB 200/201/201 #c8c9c9

CMYK 9/9/6/0
RGB 234/232/234 #eae8ea
CMYK 5/5/5/0
RGB 242/241/241 #f2f1f1
CMYK 16/14/39/0
RGB 219/213/168 #dbd5a8

CMYK 18/10/8/0
RGB 217/222/228 #d9dee4
CMYK 39/17/13/0
RGB 173/191/208 #adbfd0
CMYK 20/11/16/0
RGB 213/217/212 #d5d9d4
CMYK 12/8/16/0
RGB 229/229/217 #e5e5d9

CMYK 0/16/8/0
RGB 244/226/225 #f4e2e1
CMYK 22/0/16/0
RGB 215/232/222 #d7e8de
CMYK 2/7/9/0
RGB 248/241/233 #f8f1e9
CMYK 18/8/3/0
RGB 218/226/238 #dae2ee

CMYK 7/17/12/0
RGB 232/218/215 #e8dad7
CMYK 21/30/11/0
RGB 200/184/200 #c8b8c8
CMYK 16/9/11/0
RGB 221/225/224 #dde1e0
CMYK 38/8/10/0
RGB 179/206/222 #b3cede

CMYK 17/5/8/0
RGB 222/231/233 #dee7e9
CMYK 17/10/8/0
RGB 219/223/228 #dbdfe4
CMYK 3/0/0/5
RGB 243/245/247 #f3f5f7
CMYK 22/8/39/0
RGB 211/217/172 #d3d9ac
CMYK 6/12/33/0
RGB 238/225/183 #eee1b7

CMYK 15/12/5/0
RGB 221/221/231 #dddde7
CMYK 10/12/10/0
RGB 230/225/224 #e6e1e0
CMYK 50/35/33/5
RGB 141/148/153 #8d9499
CMYK 30/20/15/0
RGB 189/194/203 #bdc2cb
CMYK 20/10/5/0
RGB 213/220/232 #d5dce8

CMYK 25/25/25/0
RGB 196/188/182 #c4bcb6
CMYK 50/25/30/0
RGB 148/168/171 #94a8ab
CMYK 13/15/15/0
RGB 223/217/211 #dfd9d3
CMYK 25/0/10/0
RGB 208/230/233 #d0e6e9
CMYK 8/10/5/0
RGB 235/231/235 #ebe7eb

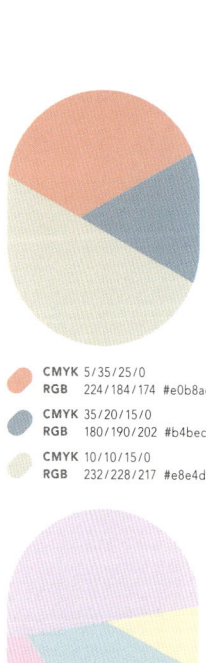

CMYK 5/35/25/0
RGB 224/184/174 #e0b8ae

CMYK 35/20/15/0
RGB 180/190/202 #b4beca

CMYK 10/10/15/0
RGB 232/228/217 #e8e4d9

CMYK 10/0/18/0
RGB 238/244/221 #eef4dd

CMYK 3/5/8/0
RGB 248/244/236 #f8f4ec

CMYK 0/18/10/0
RGB 243/222/219 #f3dedb

CMYK 15/10/15/0
RGB 223/224/216 #dfe0d8

CMYK 13/23/9/0
RGB 218/203/212 #dacbd4

CMYK 8/17/8/0
RGB 231/218/222 #e7dade

CMYK 7/15/0/0
RGB 234/223/237 #eadfed

CMYK 3/5/20/0
RGB 248/242/217 #f8f2d7

CMYK 4/21/0/0
RGB 235/215/230 #ebd7e6

CMYK 20/5/7/0
RGB 216/228/234 #d8e4ea

CMYK 20/5/8/0
RGB 216/228/233 #d8e4e9

CMYK 10/29/13/0
RGB 219/193/200 #dbc1c8

CMYK 3/14/10/0
RGB 241/227/223 #f1e3df

CMYK 5/8/10/0
RGB 242/236/229 #f2ece5

CMYK 12/25/24/0
RGB 219/198/186 #dbc6ba

CMYK 13/5/7/0
RGB 229/235/236 #e5ebec

CMYK 4/6/10/0
RGB 245/241/232 #f5f1e8

CMYK 15/47/29/0
RGB 201/153/154 #c9999a

CMYK 10/4/3/0
RGB 235/240/245 #ebf0f5

CMYK 5/0/10/3
RGB 243/245/233 #f3f5e9

CMYK 4/3/8/0
RGB 247/247/238 #f7f7ee

CMYK 3/0/0/16
RGB 223/225/227 #dfe1e3

CMYK 5/8/10/0
RGB 242/236/229 #f2ece5

CMYK 7/23/8/0
RGB 228/207/215 #e4cfd7

CMYK 10/13/14/0
RGB 230/223/216 #e6dfd8

CMYK 0/10/10/0
RGB 249/237/228 #f9ede4

CMYK 18/28/7/0
RGB 206/190/209 #cebed1

CMYK 38/23/20/0
RGB 173/182/190 #adb6be

CMYK 3/0/8/0
RGB 250/252/241 #fafcf1

CMYK 0/18/17/0
RGB 243/221/207 #f3ddcf

CMYK 12/3/16/0
RGB 232/238/222 #e8eede

CMYK 0/0/18/0
RGB 255/253/223 #fffddf

CMYK 0/7/22/0
RGB 251/241/209 #fbf1d1

soft

CMYK
59 / 72 / 81 / 26
RGB
100 / 74 / 57
#644a39

CMYK
39 / 43 / 47 / 0
RGB
164 / 147 / 129
#a49381

CMYK
6 / 3 / 5 / 0
RGB
243 / 245 / 244
#f3f5f4

CMYK
31 / 0 / 67 / 0
RGB
212 / 242 / 118
#d4f276

CMYK
57 / 18 / 87 / 0
RGB
142 / 173 / 79
#8ead4f

natural

ナチュラル

新鮮な草の色、茶色の色合いなどの配色は、やや広めのオフィスや明るいリビングルームの装飾に適しています。ライトブラウン、グレイッシュなグリーン、ペールイエローなどを使うと、仕事の疲れや蓄積された疲労感、イライラが解消されます。グリーンやブラウンなど自然を感じる優しい色を選ぶとナチュラルな雰囲気にまとまります。

	CMYK	74 / 50 / 100 / 12
	RGB	90 / 108 / 21
		#5a6c15

	CMYK	43 / 40 / 77 / 0
	RGB	161 / 149 / 85
		#a19555

	CMYK	31 / 27 / 50 / 0
	RGB	189 / 181 / 138
		#bdb58a

	CMYK	0 / 33 / 56 / 0
	RGB	243 / 193 / 123
		#f3c17b

	CMYK	34 / 69 / 100 / 0
	RGB	167 / 103 / 40
		#a76728

	CMYK	47 / 64 / 68 / 3
	RGB	142 / 106 / 85
		#8e6a55

	CMYK	41 / 27 / 64 / 0
	RGB	171 / 173 / 113
		#abad71

	CMYK	54 / 26 / 45 / 0
	RGB	142 / 165 / 148
		#8ea594

	CMYK	80 / 56 / 75 / 18
	RGB	73 / 94 / 77
		#495e4d

	CMYK	84 / 72 / 64 / 33
	RGB	55 / 64 / 70
		#374046

natural

CMYK	CMYK	CMYK	CMYK	CMYK
85/57/95/29	74/50/68/6	58/27/49/0	24/12/41/0	57/27/76/0
RGB	RGB	RGB	RGB	RGB
58/83/53	92/113/94	135/160/139	210/214/168	138/161/95
#3a5335	#5c715e	#87a08b	#d2d6a8	#8aa15f

CMYK 0/8/25/0
RGB 255/242/203
#fff2cb

CMYK 5/24/58/0
RGB 237/205/126
#edcd7e

CMYK 31/25/88/0
RGB 193/184/66
#c1b842

CMYK 66/38/100/0
RGB 117/138/47
#758a2f

CMYK 56/54/60/2
RGB 128/118/103
#807667

CMYK
60/66/77/79
RGB
44/27/22
#2c1b16

CMYK
54/69/82/16
RGB
117/86/61
#75563d

CMYK
40/47/45/0
RGB
162/140/130
#a28c82

CMYK
10/31/40/0
RGB
223/190/154
#dfbe9a

CMYK
64/58/100/18
RGB
102/96/45
#66602d

natural

CMYK 51/68/67/7
RGB 131/96/84
#836054

CMYK 22/35/23/0
RGB 200/176/179
#c8b0b3

CMYK 12/16/24/0
RGB 227/217/197
#e3d9c5

CMYK 0/24/47/0
RGB 255/213/145
#ffd591

CMYK 16/66/86/0
RGB 198/115/53
#c67335

CMYK 29/7/36/0
RGB 202/218/181
#cadab5

CMYK 42/19/40/0
RGB 170/186/162
#aabaa2

CMYK 56/24/66/0
RGB 142/166/113
#8ea671

CMYK 68/46/49/0
RGB 108/126/125
#6c7e7d

CMYK 30/30/30/100
RGB 0/0/1
#000001

CMYK 58/58/100/12
RGB 118/102/33
#766621

CMYK 38/81/100/3
RGB 156/79/32
#9c4f20

CMYK 10/44/60/0
RGB 218/164/109
#daa46d

CMYK 0/17/32/0
RGB 251/225/182
#fbe1b6

CMYK 65/42/29/0
RGB 115/136/160
#7388a0

	CMYK	0 / 0 / 0 / 0
	RGB	255 / 255 / 255
		#ffffff

	CMYK	7 / 22 / 26 / 0
	RGB	232 / 209 / 188
		#e8d1bc

	CMYK	12 / 42 / 52 / 0
	RGB	215 / 168 / 125
		#d7a87d

	CMYK	29 / 69 / 100 / 0
	RGB	176 / 105 / 35
		#b06923

	CMYK	64 / 67 / 74 / 72
	RGB	49 / 37 / 25
		#312519

	CMYK	79 / 54 / 89 / 74
	RGB	18 / 36 / 0
		#122400

	CMYK	63 / 45 / 82 / 2
	RGB	119 / 128 / 79
		#77804f

	CMYK	21 / 8 / 33 / 0
	RGB	216 / 223 / 187
		#d8dfbb

	CMYK	13 / 1 / 20 / 0
	RGB	235 / 243 / 219
		#ebf3db

	CMYK	10 / 0 / 12 / 0
	RGB	239 / 247 / 234
		#eff7ea

natural

CMYK
0/3/4/0
RGB
254/251/246
#fefbf6

CMYK
12/12/11/0
RGB
227/223/222
#e3dfde

CMYK
28/41/69/0
RGB
188/158/96
#bc9e60

CMYK
42/61/87/2
RGB
154/114/62
#9a723e

CMYK
62/67/80/23
RGB
99/82/62
#63523e

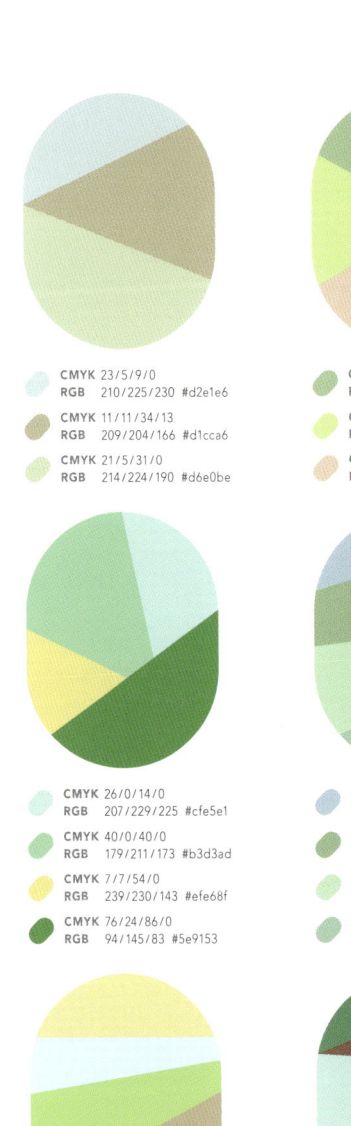

CMYK 23/5/9/0
RGB 210/225/230 #d2e1e6

CMYK 11/11/34/13
RGB 209/204/166 #d1cca6

CMYK 21/5/31/0
RGB 214/224/190 #d6e0be

CMYK 37/8/47/0
RGB 182/203/155 #b6cb9b

CMYK 19/0/50/0
RGB 221/230/155 #dde69b

CMYK 11/22/25/0
RGB 222/204/187 #deccbb

CMYK 61/75/100/40
RGB 82/59/33 #523b21

CMYK 100/31/84/0
RGB 24/125/87 #187d57

CMYK 42/9/21/0
RGB 170/200/201 #aac8c9

CMYK 26/0/14/0
RGB 207/229/225 #cfe5e1

CMYK 40/0/40/0
RGB 179/211/173 #b3d3ad

CMYK 7/7/54/0
RGB 239/230/143 #efe68f

CMYK 76/24/86/0
RGB 94/145/83 #5e9153

CMYK 20/0/0/13
RGB 199/216/229 #c7d8e5

CMYK 32/2/44/10
RGB 182/203/155 #b6cb9b

CMYK 26/0/31/0
RGB 207/226/193 #cfe2c1

CMYK 33/0/31/5
RGB 187/213/186 #bbd5ba

CMYK 32/13/63/5
RGB 184/192/117 #b8c075

CMYK 66/0/76/0
RGB 122/180/104 #7ab468

CMYK 80/35/80/6
RGB 80/126/85 #507e55

CMYK 0/33/29/41
RGB 162/133/120 #a28578

CMYK 0/0/40/5
RGB 247/241/174 #f7f1ae

CMYK 16/0/0/0
RGB 226/240/251 #e2f0fb

CMYK 28/0/58/0
RGB 204/220/137 #ccdc89

CMYK 25/25/40/0
RGB 197/187/156 #c5bb9c

CMYK 50/50/65/18
RGB 124/112/86 #7c7056

CMYK 56/0/56/24
RGB 120/162/119 #78a277

CMYK 0/41/43/42
RGB 156/119/97 #9c7761

CMYK 25/0/14/0
RGB 209/230/225 #d1e6e1

CMYK 47/0/61/0
RGB 164/201/131 #a4c983

CMYK 0/64/65/45
RGB 141/80/55 #8d5037

CMYK 100/31/84/0
RGB 24/125/87 #187d57

CMYK 42/9/21/0
RGB 170/200/201 #aac8c9

CMYK 35/13/29/0
RGB 183/199/185 #b7c7b9

CMYK 54/13/70/0
RGB 145/177/109 #91b16d

CMYK 71/26/62/0
RGB 105/148/117 #699475

natural

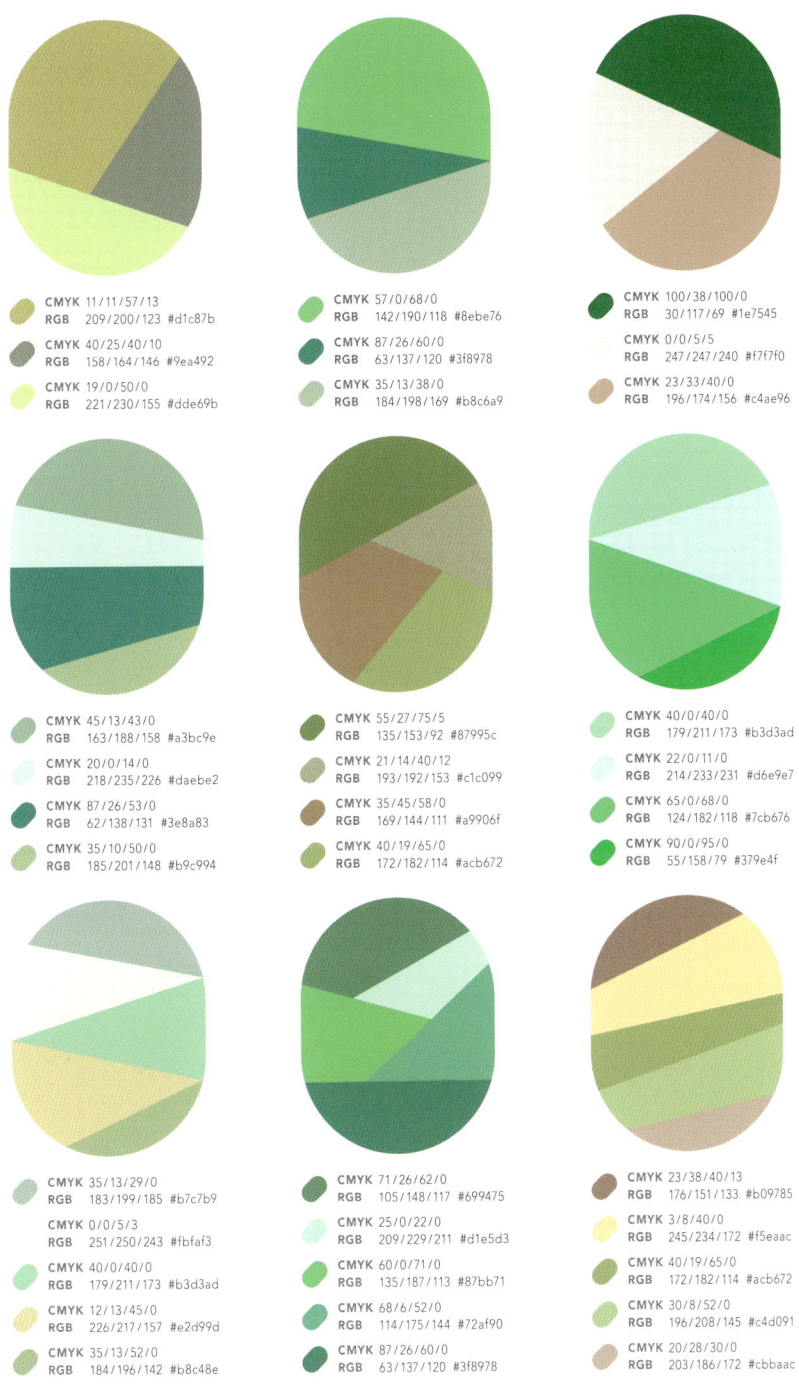

- CMYK 11/11/57/13
  RGB 209/200/123 #d1c87b
- CMYK 40/25/40/10
  RGB 158/164/146 #9ea492
- CMYK 19/0/50/0
  RGB 221/230/155 #dde69b

- CMYK 57/0/68/0
  RGB 142/190/118 #8ebe76
- CMYK 87/26/60/0
  RGB 63/137/120 #3f8978
- CMYK 35/13/38/0
  RGB 184/198/169 #b8c6a9

- CMYK 100/38/100/0
  RGB 30/117/69 #1e7545
- CMYK 0/0/5/5
  RGB 247/247/240 #f7f7f0
- CMYK 23/33/40/0
  RGB 196/174/156 #c4ae96

- CMYK 45/13/43/0
  RGB 163/188/158 #a3bc9e
- CMYK 20/0/14/0
  RGB 218/235/226 #daebe2
- CMYK 87/26/53/0
  RGB 62/138/131 #3e8a83
- CMYK 35/10/50/0
  RGB 185/201/148 #b9c994

- CMYK 55/27/75/5
  RGB 135/153/92 #87995c
- CMYK 21/14/40/12
  RGB 193/192/153 #c1c099
- CMYK 35/45/58/0
  RGB 169/144/111 #a9906f
- CMYK 40/19/65/0
  RGB 172/182/114 #acb672

- CMYK 40/0/40/0
  RGB 179/211/173 #b3d3ad
- CMYK 22/0/11/0
  RGB 214/233/231 #d6e9e7
- CMYK 65/0/68/0
  RGB 124/182/118 #7cb676
- CMYK 90/0/95/0
  RGB 55/158/79 #379e4f

- CMYK 35/13/29/0
  RGB 183/199/185 #b7c7b9
- CMYK 0/0/5/3
  RGB 251/250/243 #fbfaf3
- CMYK 40/0/40/0
  RGB 179/211/173 #b3d3ad
- CMYK 12/13/45/0
  RGB 226/217/157 #e2d99d
- CMYK 35/13/52/0
  RGB 184/196/142 #b8c48e

- CMYK 71/26/62/0
  RGB 105/148/117 #699475
- CMYK 25/0/22/0
  RGB 209/229/211 #d1e5d3
- CMYK 60/0/71/0
  RGB 135/187/113 #87bb71
- CMYK 68/6/52/0
  RGB 114/175/144 #72af90
- CMYK 87/26/60/0
  RGB 63/137/120 #3f8978

- CMYK 23/38/40/13
  RGB 176/151/133 #b09785
- CMYK 3/8/40/0
  RGB 245/234/172 #f5eaac
- CMYK 40/19/65/0
  RGB 172/182/114 #acb672
- CMYK 30/8/52/0
  RGB 196/208/145 #c4d091
- CMYK 20/28/30/0
  RGB 203/186/172 #cbbaac

057

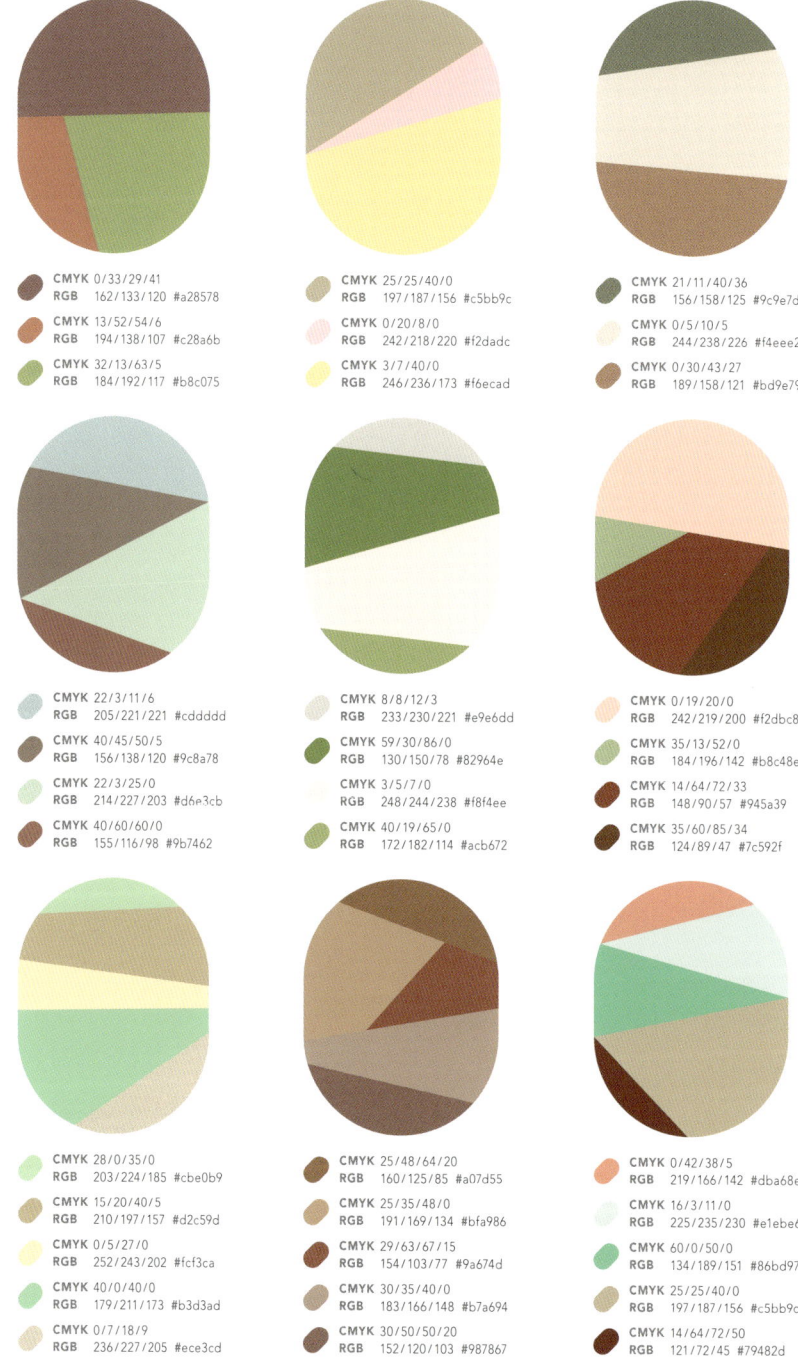

natural

- CMYK 10/16/25/0
  RGB 228/216/193 #e4d8c1
- CMYK 16/3/11/0
  RGB 225/235/230 #e1ebe6
- CMYK 8/22/48/14
  RGB 206/185/132 #ceb984

- CMYK 23/39/50/0
  RGB 192/163/128 #c0a380
- CMYK 26/51/69/18
  RGB 160/122/78 #a07a4e
- CMYK 50/75/85/15
  RGB 121/78/56 #794e38

- CMYK 22/3/11/0
  RGB 213/229/229 #d5e5e5
- CMYK 40/0/40/0
  RGB 179/211/173 #b3d3ad
- CMYK 2/4/32/0
  RGB 250/243/192 #faf3c0

- CMYK 37/50/53/0
  RGB 164/135/115 #a48773
- CMYK 3/5/15/0
  RGB 248/243/224 #f8f3e0
- CMYK 19/3/15/0
  RGB 219/232/222 #dbe8de
- CMYK 0/29/17/0
  RGB 235/199/195 #ebc7c3

- CMYK 24/25/27/0
  RGB 198/189/179 #c6bdb3
- CMYK 0/5/10/3
  RGB 248/242/230 #f8f2e6
- CMYK 27/0/19/0
  RGB 205/227/216 #cde3d8
- CMYK 0/27/38/0
  RGB 237/201/160 #edc9a0

- CMYK 0/30/35/0
  RGB 234/195/163 #eac3a3
- CMYK 30/60/70/15
  RGB 154/108/75 #9a6c4b
- CMYK 15/25/35/0
  RGB 214/195/166 #d6c3a6
- CMYK 35/5/15/0
  RGB 186/213/217 #bad5d9

- CMYK 3/29/48/6
  RGB 222/187/135 #debb87
- CMYK 33/19/61/0
  RGB 185/188/122 #b9bc7a
- CMYK 50/70/80/10
  RGB 126/89/65 #7e5941
- CMYK 19/3/15/0
  RGB 219/232/222 #dbe8de
- CMYK 15/35/50/20
  RGB 179/151/114 #b39772

- CMYK 0/20/48/0
  RGB 242/213/147 #f2d593
- CMYK 27/47/66/30
  RGB 144/114/76 #90724c
- CMYK 14/24/31/6
  RGB 208/191/168 #d0bfa8
- CMYK 3/30/55/5
  RGB 223/186/122 #dfba7a
- CMYK 50/70/80/0
  RGB 134/95/70 #865f46

- CMYK 40/19/65/0
  RGB 172/182/114 #acb672
- CMYK 0/17/9/0
  RGB 244/224/222 #f4e0de
- CMYK 19/3/15/0
  RGB 219/232/222 #dbe8de
- CMYK 0/10/50/0
  RGB 249/231/150 #f9e796
- CMYK 59/30/86/0
  RGB 130/150/78 #82964e

059

CMYK
66 / 31 / 88 / 0
RGB
119 / 148 / 77
#77944d

CMYK
31 / 6 / 44 / 0
RGB
200 / 218 / 166
#c8daa6

CMYK
2 / 5 / 18 / 0
RGB
251 / 245 / 220
#fbf5dc

CMYK
0 / 24 / 90 / 0
RGB
254 / 210 / 31
#fed21f

CMYK
27 / 29 / 30 / 0
RGB
193 / 182 / 172
#c1b6ac

fresh

フレッシュ

夏を連想する配色は、生命感あふれる印象を与えます。鮮やかなイエローは、ライトグリーンやクリーム色、ニュートラルなメタリックカラーと調和します。薄いベージュやクリーム色をベースにした空間を彩るアクセントカラーとしてイエローやグリーンを使うと効果的です。リビングルームやカフェにぴったりな、さわやかな配色になります。

CMYK 70 / 32 / 80 / 0
RGB 109 / 144 / 90
#6d905a

CMYK 2 / 8 / 62 / 0
RGB 255 / 238 / 124
#ffee7c

CMYK 2 / 6 / 11 / 0
RGB 250 / 244 / 232
#faf4e8

CMYK 34 / 6 / 21 / 0
RGB 192 / 217 / 211
#c0d9d3

CMYK 81 / 33 / 48 / 0
RGB 81 / 139 / 140
#518b8c

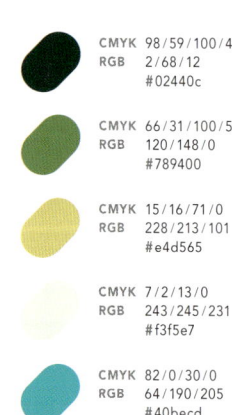

CMYK 98 / 59 / 100 / 42
RGB 2 / 68 / 12
#02440c

CMYK 66 / 31 / 100 / 5
RGB 120 / 148 / 0
#789400

CMYK 15 / 16 / 71 / 0
RGB 228 / 213 / 101
#e4d565

CMYK 7 / 2 / 13 / 0
RGB 243 / 245 / 231
#f3f5e7

CMYK 82 / 0 / 30 / 0
RGB 64 / 190 / 205
#40becd

fresh

CMYK	CMYK	CMYK	CMYK	CMYK
0/59/92/0	0/25/90/0	1/6/39/0	87/29/100/0	77/50/84/66
RGB	RGB	RGB	RGB	RGB
239/137/0	255/208/23	255/244/178	64/138/0	35/53/2
#ef8900	#ffd017	#fff4b2	#408a00	#233502

CMYK 58/16/57/0
RGB 138/177/134
#8ab186

CMYK 38/14/19/0
RGB 179/200/205
#b3c8cd

CMYK 8/2/7/0
RGB 242/247/243
#f2f7f3

CMYK 17/1/37/0
RGB 230/239/185
#e6efb9

CMYK 57/0/100/0
RGB 150/202/0
#96ca00

CMYK
85／45／85／75
RGB
4／48／7
#043007

CMYK
100／50／100／22
RGB
0／92／19
#005c13

CMYK
13／11／4／0
RGB
226／226／235
#e2e2eb

CMYK
0／22／92／0
RGB
255／213／0
#ffd500

CMYK
1／51／98／0
RGB
229／152／0
#e59800

fresh

CMYK 100/53/100/29
RGB 0/84/0
#005400

CMYK 72/18/100/0
RGB 108/161/0
#6ca100

CMYK 34/2/70/0
RGB 199/220/112
#c7dc70

CMYK 6/6/15/0
RGB 243/240/224
#f3f0e0

CMYK 20/8/11/0
RGB 215/224/226
#d7e0e2

CMYK 35/53/100/0
RGB 171/131/31
#ab831f

CMYK 24/9/94/0
RGB 217/217/43
#d9d92b

CMYK 9/0/47/0
RGB 250/255/162
#faffa2

CMYK 8/5/13/0
RGB 239/239/227
#efefe3

CMYK 35/2/21/0
RGB 191/221/213
#bfddd5

CMYK 80/45/80/75
RGB 28/49/3
#1c3103

CMYK 81/56/100/26
RGB 67/87/17
#435711

CMYK 49/25/73/0
RGB 156/170/100
#9caa64

CMYK 5/5/58/0
RGB 252/241/134
#fcf186

CMYK 0/41/95/0
RGB 240/175/1
#f0af01

065

CMYK 0/72/76/0
RGB 250/107/49
#fa6b31

CMYK 0/38/54/0
RGB 254/187/118
#febb76

CMYK 1/11/60/0
RGB 254/234/128
#feea80

CMYK 33/24/24/0
RGB 182/184/184
#b6b8b8

CMYK 45/8/48/0
RGB 169/200/156
#a9c89c

CMYK 6/44/98/0
RGB 226/163/1
#e2a301

CMYK 0/22/89/0
RGB 255/213/33
#ffd521

CMYK 22/0/13/0
RGB 218/238/233
#daeee9

CMYK 45/4/27/0
RGB 171/210/200
#abd2c8

CMYK 72/31/59/0
RGB 103/145/122
#67917a

fresh

CMYK
37/10/11/0
RGB
184/209/225
#b8d1e1

CMYK
20/0/64/0
RGB
227/235/123
#e3eb7b

CMYK
55/13/100/0
RGB
150/182/11
#96b60b

CMYK
100/49/100/21
RGB
0/94/9
#005e09

CMYK
80/50/90/72
RGB
7/35/11
#07230b

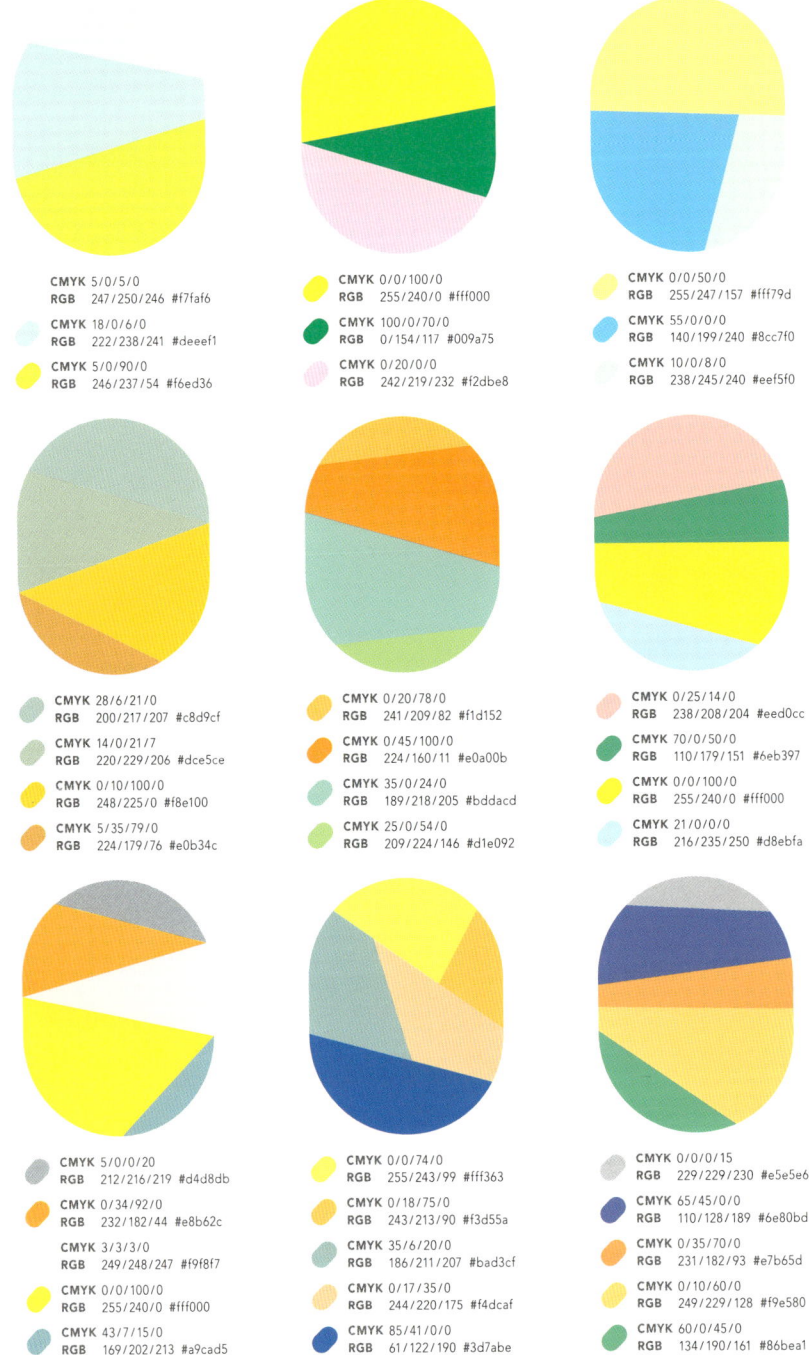

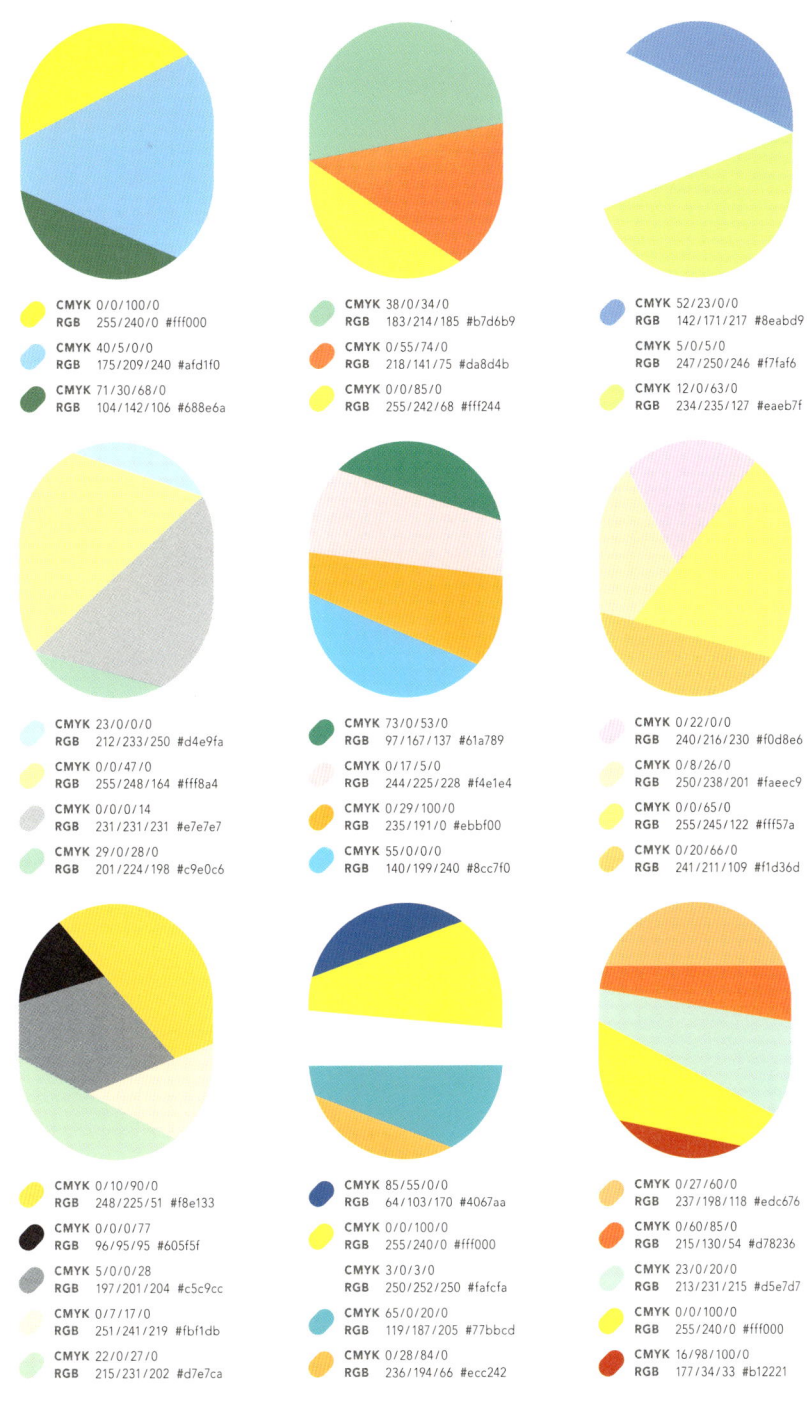

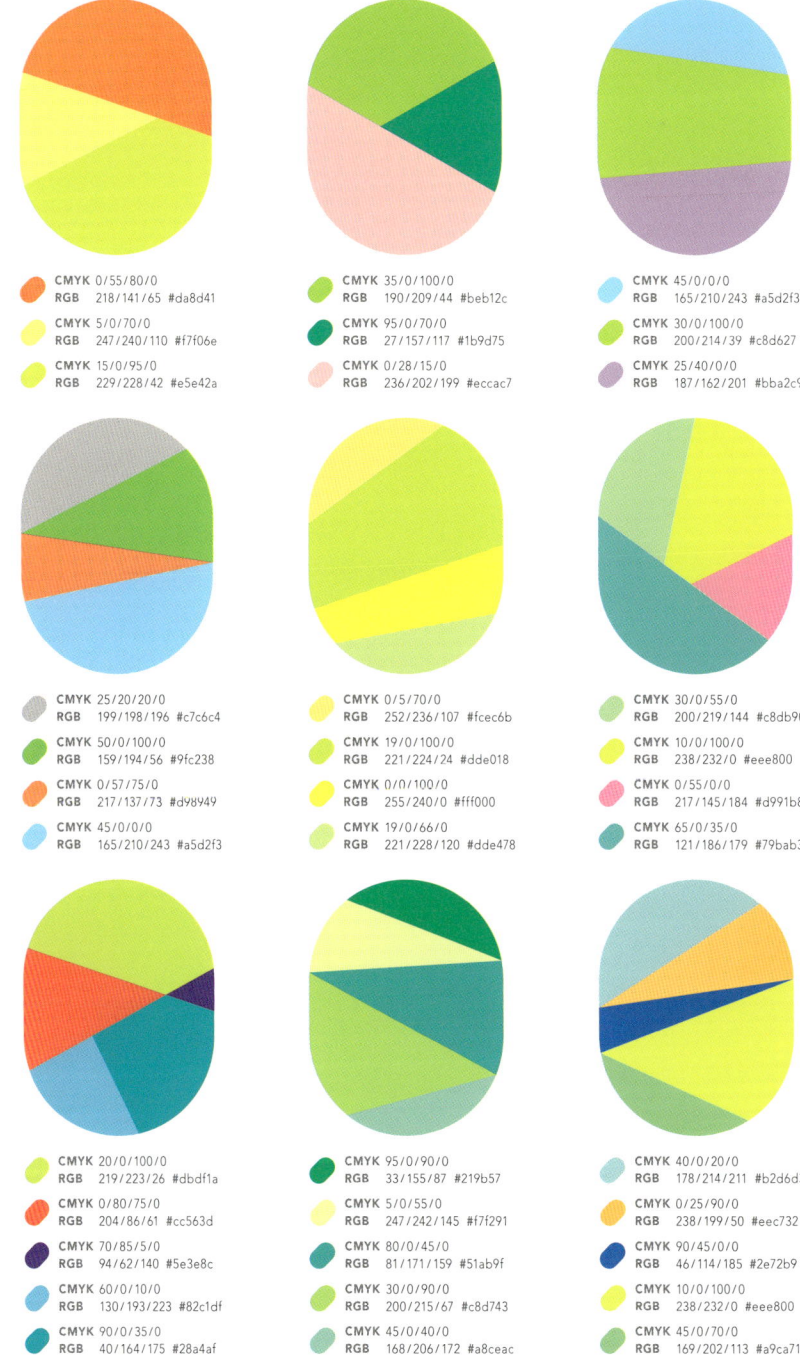

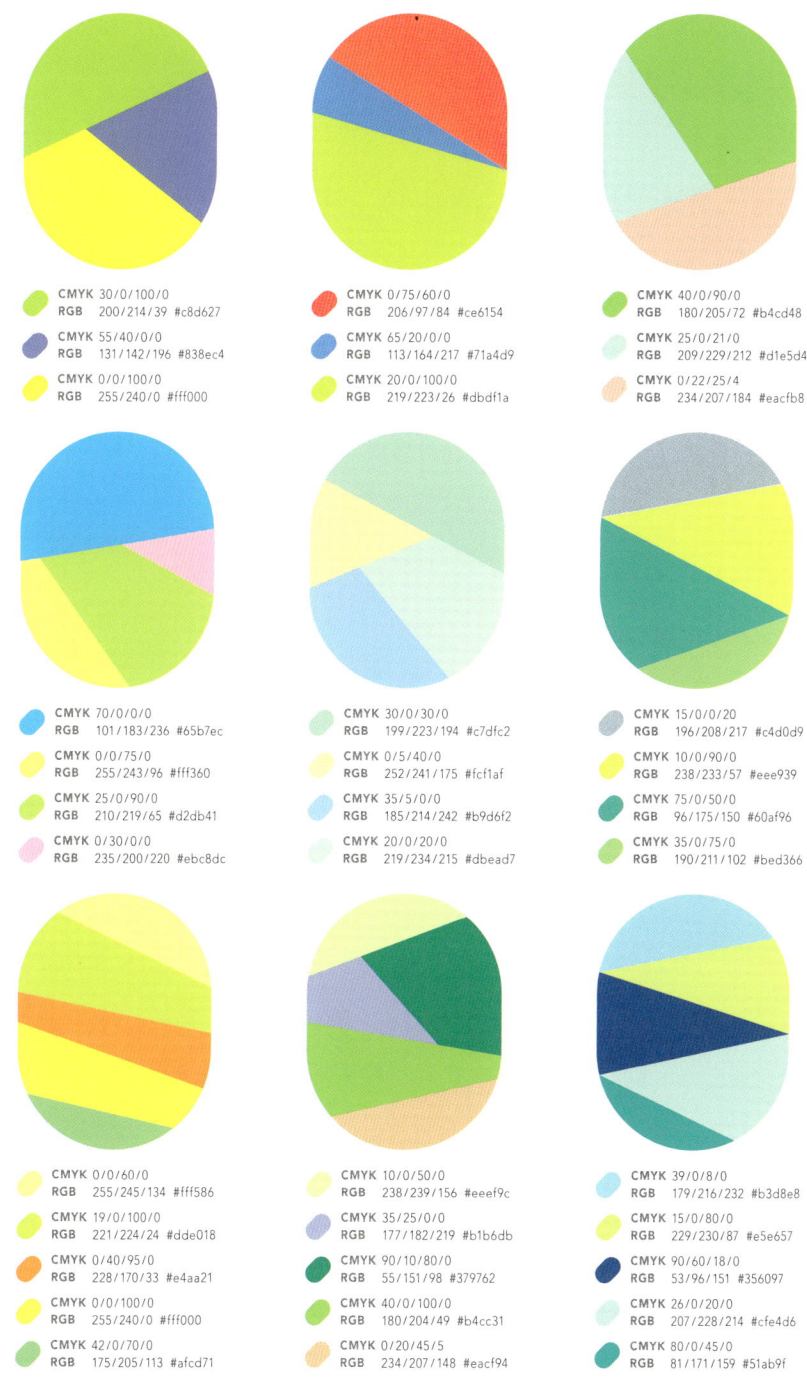

CMYK
100 / 71 / 39 / 1
RGB
2 / 83 / 125
#02537d

CMYK
97 / 34 / 30 / 0
RGB
1 / 132 / 169
#0184a9

CMYK
89 / 0 / 37 / 0
RGB
1 / 191 / 196
#01bfc4

CMYK
47 / 0 / 25 / 0
RGB
169 / 232 / 219
#a9e8db

CMYK
20 / 0 / 16 / 0
RGB
224 / 247 / 230
#e0f7e6

clear

クリア

グリーンやブルーなどの寒色をダークトーンとライトトーンのコントラストでまとめると、クリアな配色になります。特にエメラルドグリーンはグレーとの相性がよく、温かみのある深みを与えてくれます。この配色は、リビングルーム、ベッドルーム、キッチンなどによく合いますが、彩度の低い色の面積が大きくなると、クリアな印象が薄れます。

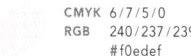
CMYK 6/7/5/0
RGB 240/237/239
#f0edef

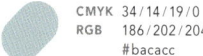
CMYK 34/14/19/0
RGB 186/202/204
#bacacc

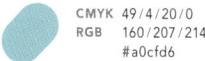
CMYK 49/4/20/0
RGB 160/207/214
#a0cfd6

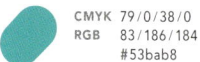
CMYK 79/0/38/0
RGB 83/186/184
#53bab8

CMYK 93/32/58/0
RGB 46/134/125
#2e867d

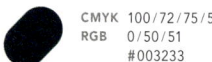
CMYK 100/72/75/50
RGB 0/50/51
#003233

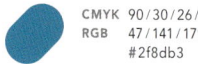
CMYK 90/30/26/0
RGB 47/141/179
#2f8db3

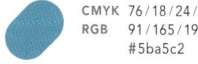
CMYK 76/18/24/0
RGB 91/165/194
#5ba5c2

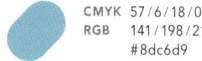
CMYK 57/6/18/0
RGB 141/198/217
#8dc6d9

CMYK 16/0/4/0
RGB 229/244/249
#e5f4f9

clear

CMYK	CMYK	CMYK	CMYK	CMYK
95/41/8/0	47/14/8/0	20/9/6/0	3/2/4/0	17/12/13/0
RGB	RGB	RGB	RGB	RGB
2/125/197	160/195/226	215/224/235	248/248/246	217/218/217
#027dc5	#a0c3e2	#d7e0eb	#f8f8f6	#d9dad9

CMYK 69/47/24/0
RGB 105/127/163
#697fa3

CMYK 50/17/9/0
RGB 154/188/221
#9abcdd

CMYK 53/10/28/0
RGB 151/194/193
#97c2c1

CMYK 27/9/19/0
RGB 202/216/210
#cad8d2

CMYK 9/9/10/0
RGB 234/231/227
#eae7e3

CMYK	CMYK	CMYK	CMYK	CMYK
17/25/32/0	4/9/12/0	13/8/10/0	37/0/16/0	70/0/24/0
RGB	RGB	RGB	RGB	RGB
214/197/176	244/236/226	227/230/228	189/226/228	107/211/224
#d6c5ad	#f4ece2	#e3e6e4	#bde2e4	#6bd3e0

clear

CMYK 99/84/35/2
RGB 40/66/119
#284277

CMYK 98/53/3/0
RGB 0/107/189
#006bbd

CMYK 62/2/8/0
RGB 129/200/238
#81c8ee

CMYK 8/10/10/0
RGB 237/232/228
#ede8e4

CMYK 25/33/30/0
RGB 193/175/168
#c1afa8

CMYK 81/77/78/59
RGB 41/40/38
#292826

CMYK 100/83/47/6
RGB 4/64/109
#04406d

CMYK 56/0/18/0
RGB 144/217/229
#90d9e5

CMYK 14/4/9/0
RGB 229/236/234
#e5ecea

CMYK 34/51/65/0
RGB 173/137/97
#ad8961

CMYK 30/30/30/100
RGB 0/0/16
#000010

CMYK 78/64/63/19
RGB 75/83/84
#4b5354

CMYK 96/63/13/0
RGB 39/94/163
#275ea3

CMYK 50/4/11/0
RGB 158/207/231
#9ecfe7

CMYK 11/5/6/0
RGB 233/237/239
#e9edef

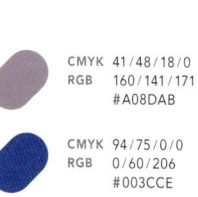

CMYK 41/48/18/0
RGB 160/141/171
#A08DAB

CMYK 94/75/0/0
RGB 0/60/206
#003CCE

CMYK 86/48/0/0
RGB 36/122/245
#247AF5

CMYK 57/19/0/0
RGB 136/181/238
#88B5EE

CMYK 21/5/0/0
RGB 216/232/255
#D8E8FF

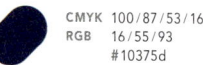

CMYK 100/87/53/16
RGB 16/55/93
#10375d

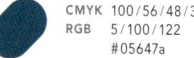

CMYK 100/56/48/3
RGB 5/100/122
#05647a

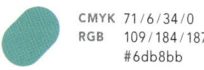

CMYK 71/6/34/0
RGB 109/184/187
#6db8bb

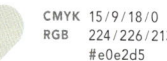

CMYK 15/9/18/0
RGB 224/226/213
#e0e2d5

CMYK 57/34/50/0
RGB 134/150/132
#869684

clear

CMYK	CMYK	CMYK	CMYK	CMYK
2/1/1/0	9/7/7/0	26/30/43/0	79/7/32/0	100/54/56/6
RGB	RGB	RGB	RGB	RGB
251/251/251	236/236/236	194/179/148	83/176/189	18/100/111
#fbfbfb	#ececec	#c2b394	#53b0bd	#12646f

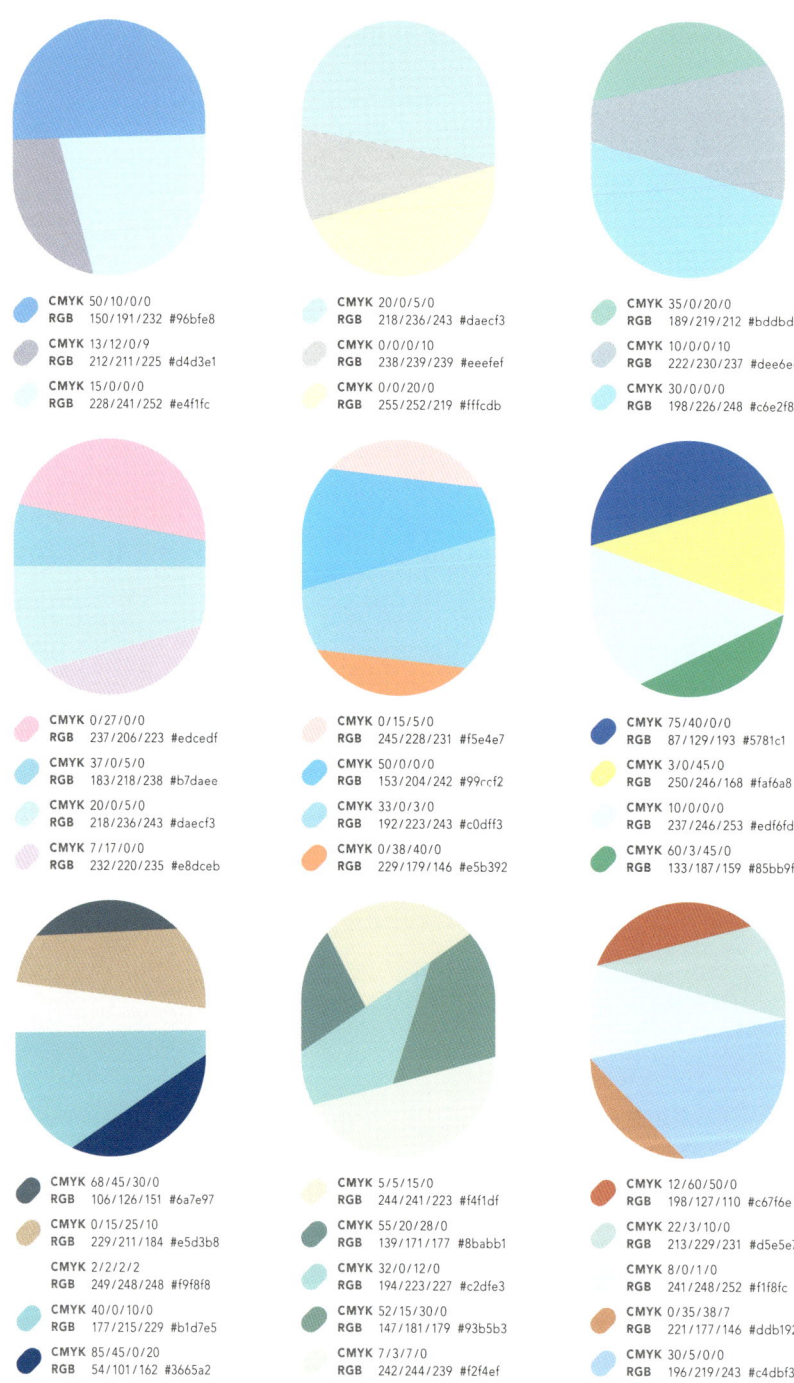

clear

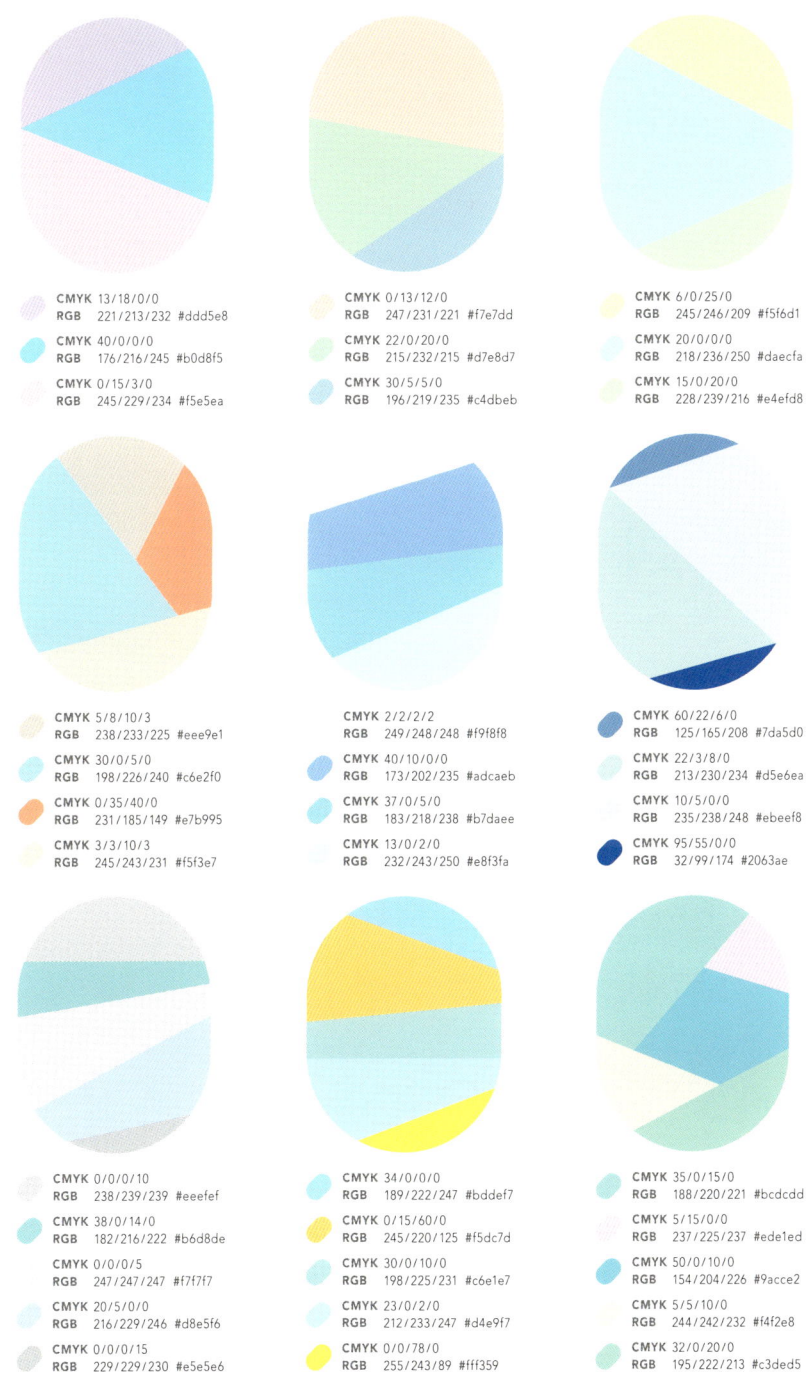

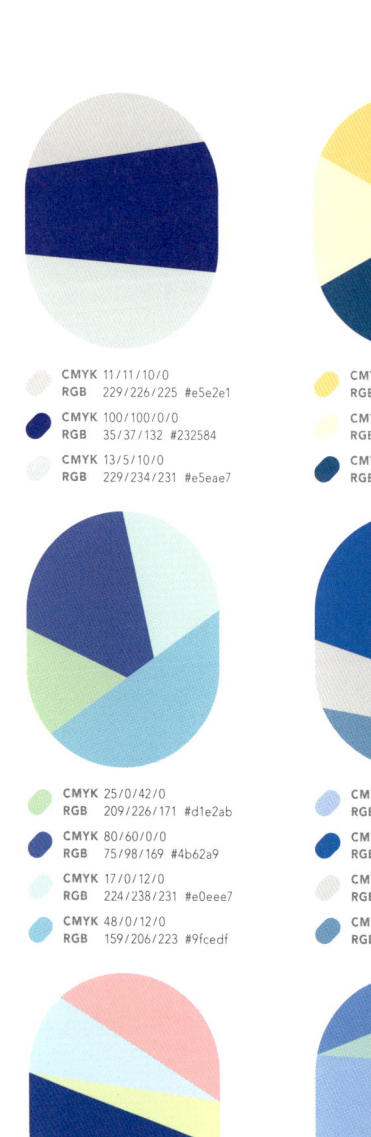

CMYK 11/11/10/0
RGB 229/226/225 #e5e2e1

CMYK 100/100/0/0
RGB 35/37/132 #232584

CMYK 13/5/10/0
RGB 229/234/231 #e5eae7

CMYK 0/13/60/0
RGB 246/224/126 #f6e07e

CMYK 0/3/23/0
RGB 254/248/211 #fef8d3

CMYK 100/60/30/0
RGB 24/93/137 #185d89

CMYK 100/90/40/0
RGB 38/58/105 #263a69

CMYK 5/5/0/0
RGB 244/243/249 #f4f3f9

CMYK 27/3/26/0
RGB 204/222/200 #ccdec8

CMYK 25/0/42/0
RGB 209/226/171 #d1e2ab

CMYK 80/60/0/0
RGB 75/98/169 #4b62a9

CMYK 17/0/12/0
RGB 224/238/231 #e0eee7

CMYK 48/0/12/0
RGB 159/206/223 #9fcedf

CMYK 32/10/0/0
RGB 189/209/237 #bdd1ed

CMYK 100/50/0/0
RGB 0/104/179 #0068b3

CMYK 11/11/11/0
RGB 229/226/223 #e5e2df

CMYK 62/20/14/0
RGB 122/166/198 #7aa6c6

CMYK 27/0/10/0
RGB 204/228/232 #cce4e8

CMYK 5/20/0/0
RGB 234/216/231 #ead8e7

CMYK 10/6/10/0
RGB 234/235/230 #eaebe6

CMYK 100/40/30/0
RGB 0/117/153 #007599

CMYK 0/35/13/0
RGB 231/188/194 #e7bcc2

CMYK 17/0/0/0
RGB 224/239/251 #e0effb

CMYK 5/0/45/0
RGB 247/244/167 #f7f4a7

CMYK 100/80/0/0
RGB 29/66/148 #1d4294

CMYK 0/14/0/0
RGB 246/231/240 #f6e7f0

CMYK 66/27/0/0
RGB 110/153/209 #6e99d1

CMYK 30/0/25/0
RGB 199/223/204 #c7dfcc

CMYK 42/10/0/0
RGB 168/200/234 #a8c8ea

CMYK 100/70/30/0
RGB 30/81/129 #1e5181

CMYK 50/0/23/0
RGB 155/203/203 #9bcbcb

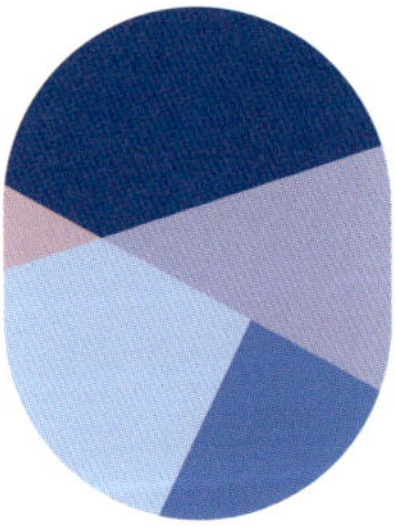

CMYK 100/80/30/0
RGB 34/69/122 #22457a

CMYK 19/38/5/0
RGB 199/170/199 #c7aac7

CMYK 37/30/0/0
RGB 170/172/212 #aaacd4

CMYK 32/10/0/0
RGB 189/209/237 #bdd1ed

CMYK 75/45/0/0
RGB 87/122/187 #577abb

clear

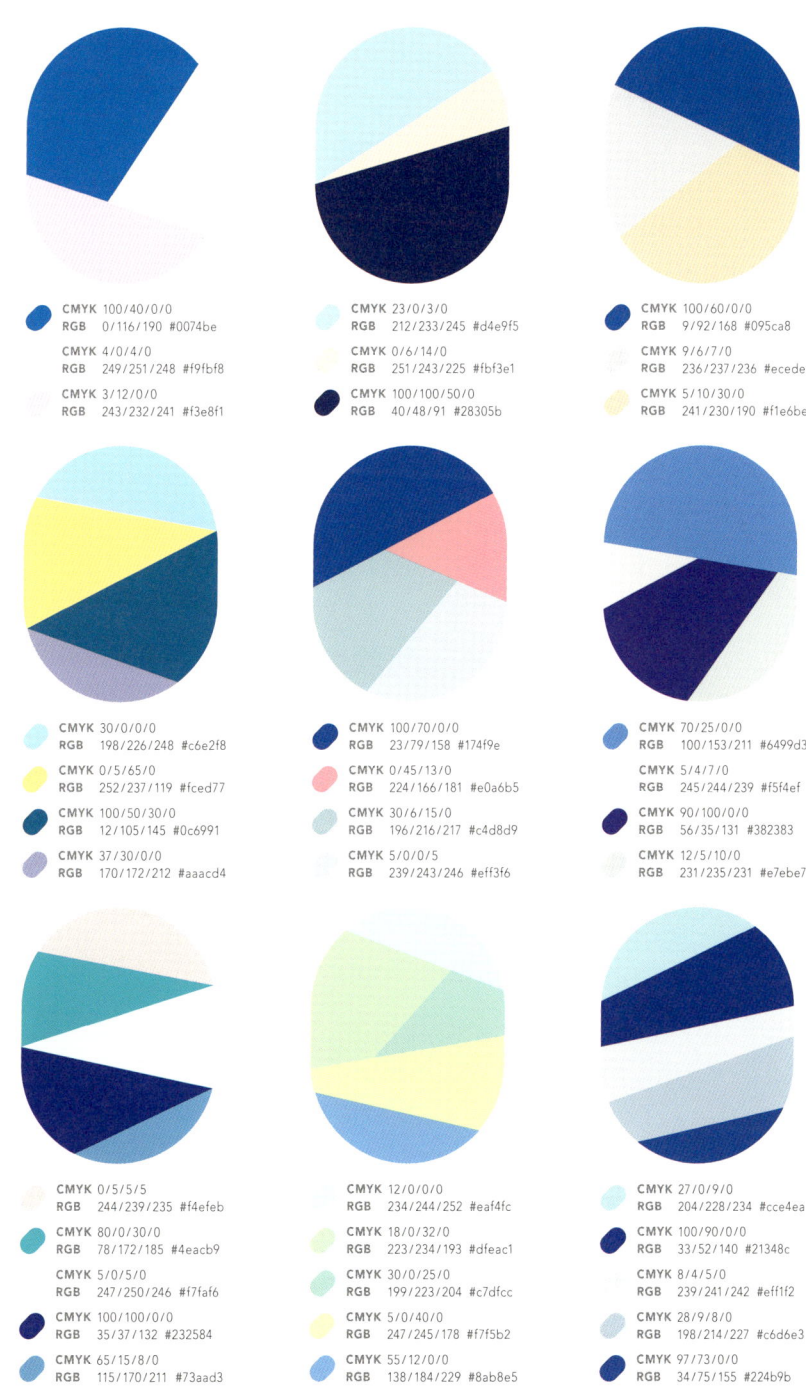

CMYK
0 / 69 / 60 / 0
RGB
230 / 116 / 89
#e67459

CMYK
0 / 44 / 33 / 0
RGB
254 / 176 / 153
#feb099

CMYK
32 / 28 / 38 / 0
RGB
185 / 179 / 158
#b9b39e

CMYK
44 / 33 / 30 / 0
RGB
158 / 162 / 166
#9ea2a6

CMYK
30 / 30 / 30 / 100
RGB
0 / 0 / 2
#000002

organic

オーガニック

絶妙な色合いのコーラルは優しさと洗練さを感じさせ、黒に近いスモーキーブルーやグレーなどの背景では、特にその効果が際立ちます。リッチなオレンジ、ソフトなイエロー、シルバーグレー、グレーグリーンは、落ち着いた温かさを感じる組み合わせです。「ナチュラル」より彩度と明度を下げると、「オーガニック」な印象になります。

CMYK 0/64/87/0
RGB 252/126/1
#fc7e01

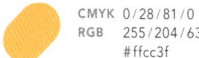
CMYK 0/28/81/0
RGB 255/204/63
#ffcc3f

CMYK 25/6/21/0
RGB 208/223/210
#d0dfd2

CMYK 49/11/57/0
RGB 160/192/137
#a0c089

CMYK 66/11/37/0
RGB 122/180/176
#7ab4b0

CMYK 60/55/67/5
RGB 118/112/91
#76705b

CMYK 49/31/100/0
RGB 155/160/22
#9ba016

CMYK 19/34/80/0
RGB 209/177/77
#d1b14d

CMYK 16/74/94/0
RGB 194/98/40
#c26228

CMYK 55/88/100/42
RGB 87/41/10
#57290a

organic

CMYK	CMYK	CMYK	CMYK	CMYK
53/98/100/37	0/59/50/0	8/6/42/0	92/22/44/0	51/13/9/0
RGB	RGB	RGB	RGB	RGB
95/28/12	240/140/112	243/238/171	43/148/155	153/194/225
#5f1c0c	#f08c70	#f3eeab	#2b949b	#99c2e1

 CMYK 66/73/84/43
RGB 73/58/45
#493a2d

 CMYK 40/38/65/0
RGB 167/156/106
#a79c69

 CMYK 10/5/6/0
RGB 235/239/240
#ebeff0

 CMYK 52/6/40/0
RGB 155/199/174
#9bc7ae

 CMYK 80/59/86/29
RGB 67/82/58
#43523a

CMYK
74 / 63 / 60 / 14
RGB
84 / 89 / 90
#54595a

CMYK
47 / 42 / 49 / 0
RGB
149 / 143 / 128
#958f80

CMYK
13 / 13 / 24 / 0
RGB
226 / 221 / 199
#e2ddc7

CMYK
16 / 46 / 40 / 0
RGB
205 / 157 / 141
#cd9d8d

CMYK
4 / 55 / 59 / 0
RGB
221 / 145 / 102
#dd9166

organic

CMYK 49/79/85/16
RGB 124/73/55
#7c4937

CMYK 26/56/72/0
RGB 185/131/82
#b98352

CMYK 12/29/90/0
RGB 226/190/50
#e2be32

CMYK 77/47/100/9
RGB 86/112/15
#56700f

CMYK 66/64/60/11
RGB 101/93/91
#655d5b

CMYK 45/67/82/5
RGB 143/100/66
#8f6442

CMYK 5/30/31/0
RGB 232/196/172
#e8c4ac

CMYK 18/3/13/0
RGB 222/234/227
#deeae3

CMYK 32/18/56/0
RGB 193/197/135
#c1c587

CMYK 58/30/73/0
RGB 134/155/98
#869b62

CMYK 95/61/43/2
RGB 45/96/124
#2d607c

CMYK 46/45/45/0
RGB 150/139/132
#968b84

CMYK 0/37/89/0
RGB 253/186/26
#fdba1a

CMYK 0/50/93/0
RGB 240/157/6
#f09d06

CMYK 65/29/100/0
RGB 122/151/44
#7a972c

089

	CMYK	100 / 95 / 62 / 39
	RGB	19 / 36 / 64
		#132440

	CMYK	29 / 15 / 11 / 0
	RGB	195 / 205 / 217
		#c3cdd9

	CMYK	4 / 62 / 50 / 0
	RGB	219 / 130 / 112
		#db8270

	CMYK	2 / 35 / 56 / 0
	RGB	237 / 188 / 121
		#edbc79

	CMYK	2 / 16 / 25 / 0
	RGB	245 / 226 / 197
		#f5e2c5

	CMYK	49 / 52 / 37 / 0
	RGB	143 / 127 / 138
		#8f7f8a

	CMYK	19 / 42 / 33 / 0
	RGB	202 / 163 / 156
		#caa39c

	CMYK	24 / 16 / 59 / 0
	RGB	210 / 206 / 129
		#d2ce81

	CMYK	68 / 20 / 77 / 0
	RGB	118 / 162 / 98
		#76a262

	CMYK	89 / 51 / 100 / 19
	RGB	55 / 97 / 18
		#376112

organic

CMYK
82/53/100/22
RGB
68/93/28
#445d1c

CMYK
3/86/63/0
RGB
210/69/75
#d2454b

CMYK
20/38/45/0
RGB
203/170/139
#cbaa8b

CMYK
60/60/65/8
RGB
115/103/89
#736759

CMYK
67/73/92/46
RGB
70/57/38
#463926

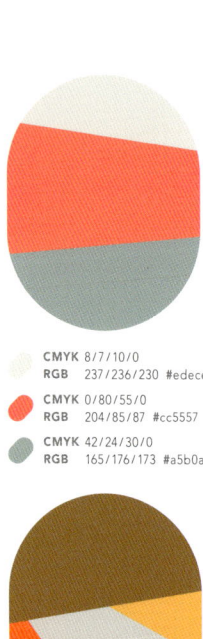

- CMYK 8/7/10/0
  RGB 237/236/230 #edece6
- CMYK 0/80/55/0
  RGB 204/85/87 #cc5557
- CMYK 42/24/30/0
  RGB 165/176/173 #a5b0ad

- CMYK 22/32/55/0
  RGB 198/175/124 #c6af7c
- CMYK 42/18/40/0
  RGB 168/184/160 #a8b8a0
- CMYK 0/40/100/0
  RGB 228/170/3 #e4aa03

- CMYK 15/55/75/0
  RGB 197/135/76 #c5874c
- CMYK 58/60/100/15
  RGB 112/97/47 #70612f
- CMYK 0/25/20/0
  RGB 238/207/194 #eecfc2

- CMYK 40/62/100/3
  RGB 152/109/44 #986d2c
- CMYK 0/80/100/0
  RGB 204/85/23 #cc5517
- CMYK 15/15/15/0
  RGB 220/215/211 #dcd7d3
- CMYK 2/37/90/0
  RGB 227/176/50 #e3b032

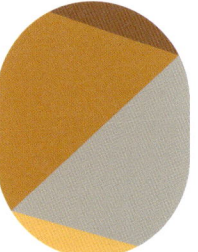

- CMYK 40/70/90/0
  RGB 151/98/56 #976238
- CMYK 10/100/50/5
  RGB 201/142/26 #c98e1a
- CMYK 27/27/27/0
  RGB 192/183/177 #c0b7b1
- CMYK 3/30/77/0
  RGB 230/189/82 #e6bd52

- CMYK 75/50/70/20
  RGB 80/99/81 #506351
- CMYK 5/5/15/0
  RGB 244/241/223 #f4f1df
- CMYK 25/53/62/0
  RGB 182/135/99 #b68763
- CMYK 0/25/30/0
  RGB 238/206/177 #eeceb1

- CMYK 62/23/43/0
  RGB 124/160/149 #7ca095
- CMYK 3/10/20/0
  RGB 244/233/209 #f4e9d1
- CMYK 0/60/100/0
  RGB 215/129/19 #d78113
- CMYK 24/53/60/0
  RGB 183/136/102 #b78866
- CMYK 42/18/39/0
  RGB 168/184/162 #a8b8a2

- CMYK 0/80/85/0
  RGB 204/86/48 #cc5630
- CMYK 5/5/20/0
  RGB 244/240/214 #f4f0d6
- CMYK 59/84/100/10
  RGB 109/67/46 #6d432e
- CMYK 20/70/60/0
  RGB 181/104/90 #b5685a
- CMYK 18/5/50/0
  RGB 220/224/152 #dce098

- CMYK 0/42/100/0
  RGB 226/166/8 #e2a608
- CMYK 27/20/13/0
  RGB 195/197/207 #c3c5cf
- CMYK 0/45/48/0
  RGB 224/164/126 #e0a47e
- CMYK 18/30/40/0
  RGB 206/183/153 #ceb799
- CMYK 86/76/36/0
  RGB 65/76/118 #414c76

organic

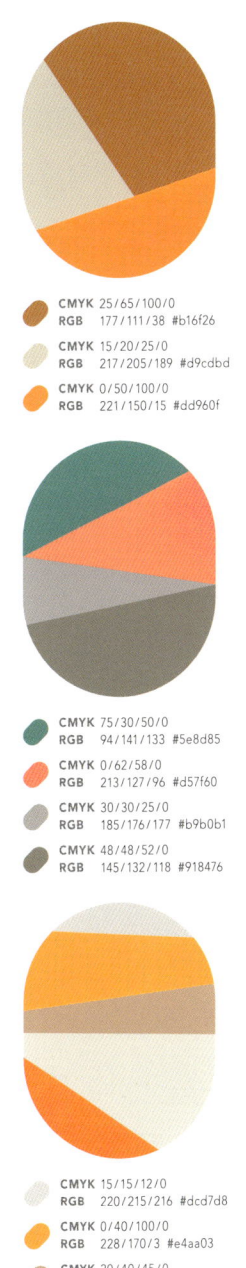

- **CMYK** 0/28/39/0
  RGB 236/199/157 #ecc79d
- **CMYK** 16/26/32/0
  RGB 212/193/170 #d4c1aa
- **CMYK** 0/80/75/0
  RGB 204/86/61 #cc563d

- **CMYK** 0/45/90/0
  RGB 224/161/48 #e0a130
- **CMYK** 45/25/5/0
  RGB 157/174/210 #9daed2
- **CMYK** 30/42/55/0
  RGB 179/153/118 #b39976

- **CMYK** 25/65/100/0
  RGB 177/111/38 #b16f26
- **CMYK** 15/20/25/0
  RGB 217/205/189 #d9cdbd
- **CMYK** 0/50/100/0
  RGB 221/150/15 #dd960f

- **CMYK** 15/28/70/5
  RGB 206/180/96 #ceb460
- **CMYK** 43/20/35/0
  RGB 165/181/167 #a5b5a7
- **CMYK** 0/65/85/0
  RGB 212/119/53 #d47735
- **CMYK** 10/30/29/0
  RGB 219/190/172 #dbbeac

- **CMYK** 0/20/45/0
  RGB 241/213/153 #f1d599
- **CMYK** 55/80/100/20
  RGB 108/67/41 #6c4329
- **CMYK** 5/10/15/0
  RGB 241/232/218 #f1e8da
- **CMYK** 42/90/100/10
  RGB 134/57/40 #863928

- **CMYK** 75/30/50/0
  RGB 94/141/133 #5e8d85
- **CMYK** 0/62/58/0
  RGB 213/127/96 #d57f60
- **CMYK** 30/30/25/0
  RGB 185/176/177 #b9b0b1
- **CMYK** 48/48/52/0
  RGB 145/132/118 #918476

- **CMYK** 10/26/37/0
  RGB 222/196/162 #dec4a2
- **CMYK** 38/69/100/12
  RGB 144/92/40 #905c28
- **CMYK** 12/21/23/0
  RGB 221/206/191 #ddcebf
- **CMYK** 0/90/100/0
  RGB 200/59/24 #c83b18
- **CMYK** 10/25/27/5
  RGB 216/193/176 #d8c1b0

- **CMYK** 50/85/58/5
  RGB 126/67/84 #7e4354
- **CMYK** 35/10/20/0
  RGB 185/205/203 #b9cdcb
- **CMYK** 0/64/70/0
  RGB 212/122/77 #d47a4d
- **CMYK** 10/16/20/0
  RGB 228/217/202 #e4d9ca
- **CMYK** 28/60/48/0
  RGB 174/121/114 #ae7972

- **CMYK** 15/15/12/0
  RGB 220/215/216 #dcd7d8
- **CMYK** 0/40/100/0
  RGB 228/170/3 #e4aa03
- **CMYK** 20/40/45/0
  RGB 197/163/135 #c5a387
- **CMYK** 10/10/15/0
  RGB 232/228/217 #e8e4d9
- **CMYK** 0/60/100/0
  RGB 215/129/19 #d78113

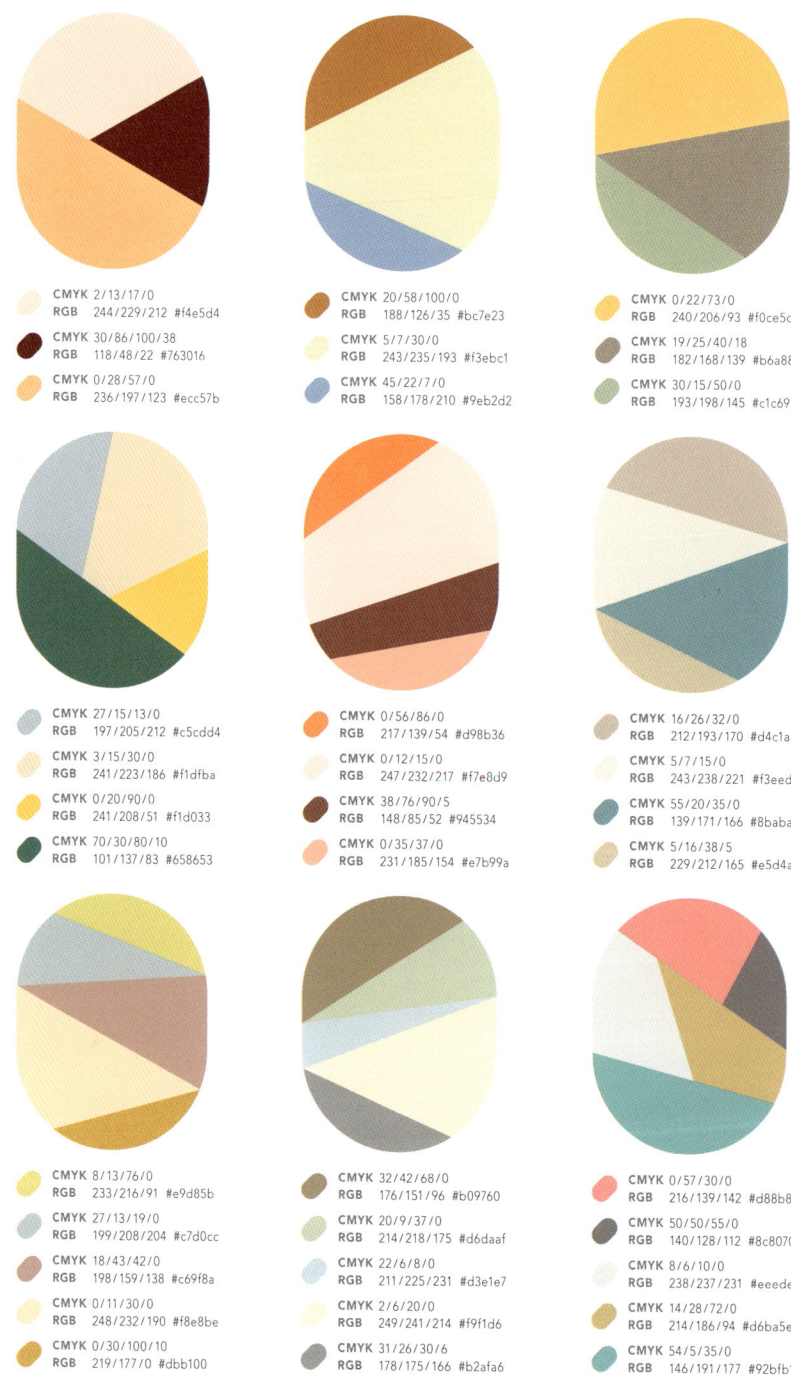

organic

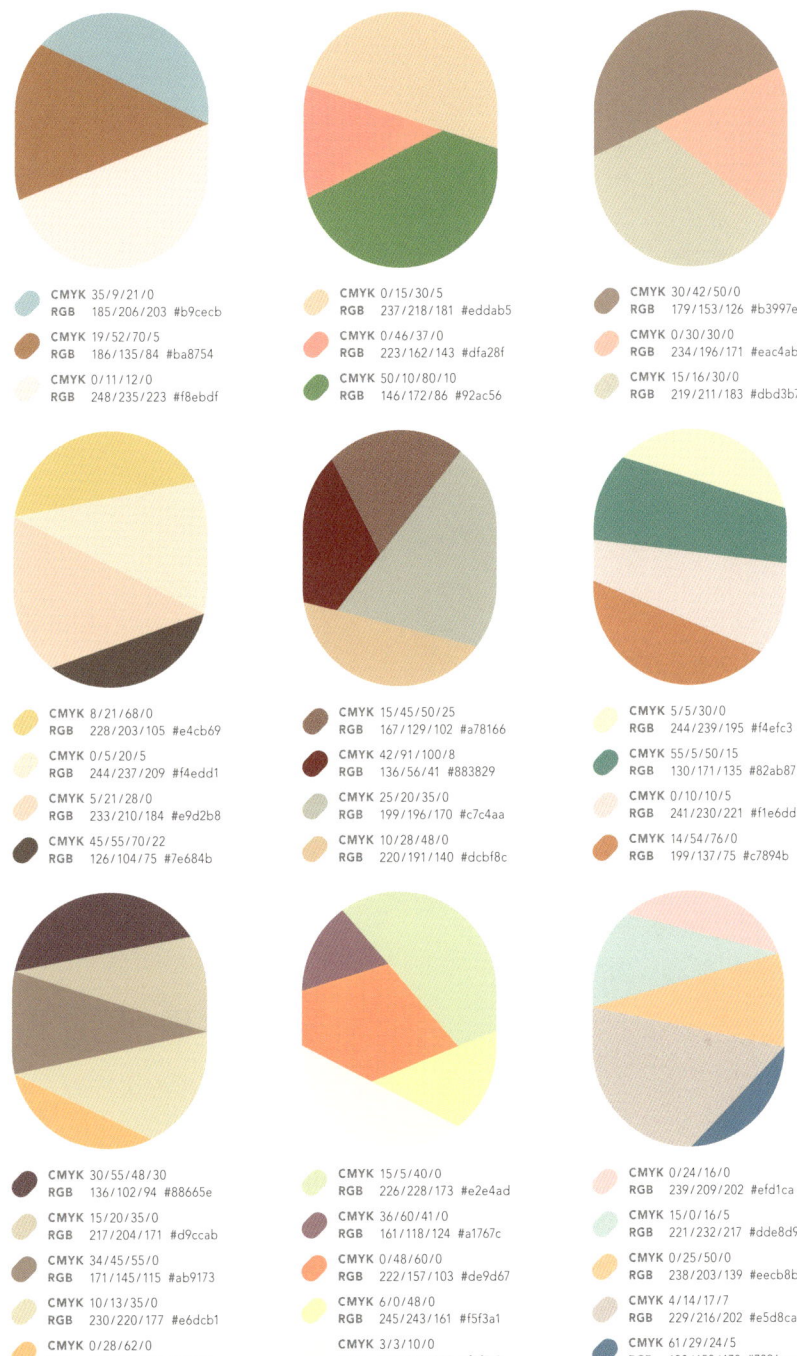

CMYK 35/9/21/0
RGB 185/206/203 #b9cecb

CMYK 19/52/70/5
RGB 186/135/84 #ba8754

CMYK 0/11/12/0
RGB 248/235/223 #f8ebdf

CMYK 0/15/30/5
RGB 237/218/181 #eddab5

CMYK 0/46/37/0
RGB 223/162/143 #dfa28f

CMYK 50/10/80/10
RGB 146/172/86 #92ac56

CMYK 30/42/50/0
RGB 179/153/126 #b3997e

CMYK 0/30/30/0
RGB 234/196/171 #eac4ab

CMYK 15/16/30/0
RGB 219/211/183 #dbd3b7

CMYK 8/21/68/0
RGB 228/203/105 #e4cb69

CMYK 0/5/20/5
RGB 244/237/209 #f4edd1

CMYK 5/21/28/0
RGB 233/210/184 #e9d2b8

CMYK 45/55/70/22
RGB 126/104/75 #7e684b

CMYK 15/45/50/25
RGB 167/129/102 #a78166

CMYK 42/91/100/8
RGB 136/56/41 #883829

CMYK 25/20/35/0
RGB 199/196/170 #c7c4aa

CMYK 10/28/48/0
RGB 220/191/140 #dcbf8c

CMYK 5/5/30/0
RGB 244/239/195 #f4efc3

CMYK 55/5/50/15
RGB 130/171/135 #82ab87

CMYK 0/10/10/5
RGB 241/230/221 #f1e6dd

CMYK 14/54/76/0
RGB 199/137/75 #c7894b

CMYK 30/55/48/30
RGB 136/102/94 #88665e

CMYK 15/20/35/0
RGB 217/204/171 #d9ccab

CMYK 34/45/55/0
RGB 171/145/115 #ab9173

CMYK 10/13/35/0
RGB 230/220/177 #e6dcb1

CMYK 0/28/62/0
RGB 236/196/113 #ecc471

CMYK 15/5/40/0
RGB 226/228/173 #e2e4ad

CMYK 36/60/41/0
RGB 161/118/124 #a1767c

CMYK 0/48/60/0
RGB 222/157/103 #de9d67

CMYK 6/0/48/0
RGB 245/243/161 #f5f3a1

CMYK 3/3/10/0
RGB 249/247/235 #f9f7eb

CMYK 0/24/16/0
RGB 239/209/202 #efd1ca

CMYK 15/0/16/5
RGB 221/232/217 #dde8d9

CMYK 0/25/50/0
RGB 238/203/139 #eecb8b

CMYK 4/14/17/7
RGB 229/216/202 #e5d8ca

CMYK 61/29/24/5
RGB 120/150/170 #7896aa

CMYK
91/0/35/0
RGB
0/177/191
#00b1bf

CMYK
96/35/22/0
RGB
0/133/182
#0085b6

CMYK
87/0/60/0
RGB
0/212/157
#00d49d

CMYK
0/15/93/0
RGB
254/223/3
#fedf03

CMYK
0/91/42/0
RGB
255/0/93
#ff005d

ビビッド

彩度が高いレッド、オレンジ、イエロー、ピンク、グリーン、ブルーなどを組み合わせると、ビビッドな印象の配色になります。イエローとブルーなど、反対色同士を組み合わせると、さらに鮮やかさが増します。壁面など大きな面積で使う場合には、鮮やかになりすぎないように、彩度や面積をコントロールするとよいでしょう。

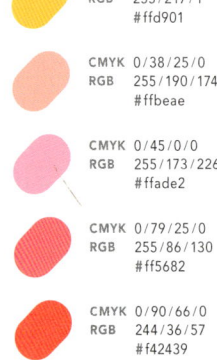

	CMYK	0 / 20 / 92 / 0
	RGB	255 / 217 / 1
		#ffd901

	CMYK	0 / 38 / 25 / 0
	RGB	255 / 190 / 174
		#ffbeae

	CMYK	0 / 45 / 0 / 0
	RGB	255 / 173 / 226
		#ffade2

	CMYK	0 / 79 / 25 / 0
	RGB	255 / 86 / 130
		#ff5682

	CMYK	0 / 90 / 66 / 0
	RGB	244 / 36 / 57
		#f42439

	CMYK	100 / 78 / 11 / 0
	RGB	18 / 70 / 156
		#12469c

	CMYK	1 / 49 / 95 / 0
	RGB	229 / 156 / 25
		#e59c19

	CMYK	34 / 43 / 87 / 0
	RGB	178 / 150 / 66
		#b29642

	CMYK	0 / 83 / 64 / 0
	RGB	228 / 73 / 71
		#e44947

	CMYK	2 / 73 / 98 / 0
	RGB	216 / 103 / 11
		#d8670b

vivid

CMYK	CMYK	CMYK	CMYK	CMYK
97/78/21/0	95/25/28/0	3/18/94/0	2/34/96/0	0/82/98/0
RGB	RGB	RGB	RGB	RGB
42/74/139	0/145/181	248/217/15	238/186/0	219/80/0
#2a4a8b	#0091b5	#f8d90f	#eeba00	#db5000

 CMYK 63/6/100/0
RGB 132/183/28
#84b71c

 CMYK 49/1/22/0
RGB 163/211/213
#a3d3d5

CMYK 8/6/5/0
RGB 238/239/241
#eeeff1

CMYK 1/2/2/0
RGB 252/251/249
#fcfbf9

 CMYK 0/86/61/0
RGB 255/59/65
#ff3b41

099

CMYK
77 / 75 / 55 / 82
RGB
1 / 4 / 23
#010417

CMYK
97 / 82 / 0 / 0
RGB
0 / 41 / 193
#0029c1

CMYK
89 / 0 / 54 / 0
RGB
43 / 181 / 156
#2bb59c

CMYK
5 / 15 / 95 / 0
RGB
247 / 220 / 9
#f7dc09

CMYK
0 / 91 / 92 / 0
RGB
226 / 43 / 0
#e22b00

vivid

CMYK 0/92/77/0
RGB 255/4/20
#ff0414

CMYK 0/74/71/0
RGB 255/100/55
#ff6437

CMYK 0/22/69/0
RGB 255/215/97
#ffd761

CMYK 0/81/0/0
RGB 254/66/173
#fe42ad

CMYK 74/0/32/0
RGB 81/241/227
#51f1e3

CMYK 91/0/39/0
RGB 14/181/185
#0eb5b9

CMYK 0/24/49/0
RGB 255/214/141
#ffd68d

CMYK 5/27/18/0
RGB 233/203/198
#e9cbc6

CMYK 2/57/22/0
RGB 224/142/159
#e08e9f

CMYK 53/62/59/3
RGB 130/107/99
#826b63

CMYK 59/85/80/42
RGB 82/47/45
#522f2d

CMYK 0/53/88/0
RGB 255/153/0
#ff9900

CMYK 0/0/0/0
RGB 255/255/255
#ffffff

CMYK 86/69/51/11
RGB 63/81/101
#3f5165

CMYK 83/98/1/0
RGB 73/37/143
#49258f

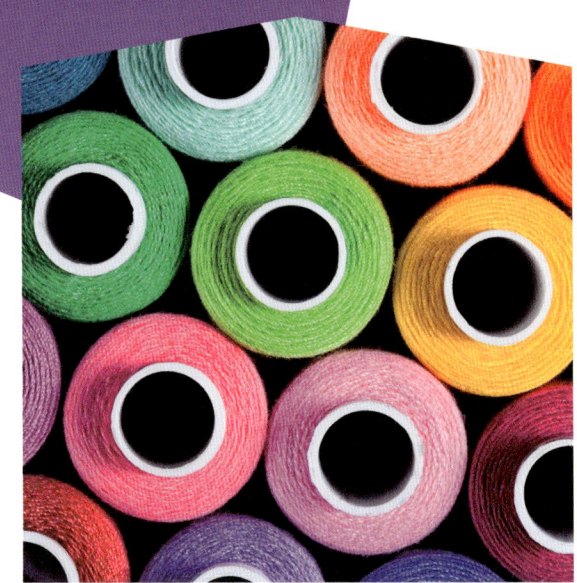

	CMYK	0 / 77 / 4 / 0
	RGB	252 / 89 / 163
		#fc59a3

	CMYK	63 / 0 / 100 / 0
	RGB	135 / 200 / 48
		#87c830

	CMYK	0 / 22 / 92 / 0
	RGB	255 / 212 / 0
		#ffd400

	CMYK	0 / 64 / 86 / 0
	RGB	254 / 126 / 15
		#fe7e0f

	CMYK	59 / 80 / 0 / 0
	RGB	142 / 60 / 203
		#8e3ccb

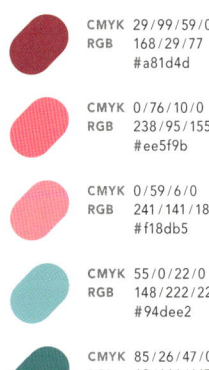

	CMYK	29 / 99 / 59 / 0
	RGB	168 / 29 / 77
		#a81d4d

	CMYK	0 / 76 / 10 / 0
	RGB	238 / 95 / 155
		#ee5f9b

	CMYK	0 / 59 / 6 / 0
	RGB	241 / 141 / 181
		#f18db5

	CMYK	55 / 0 / 22 / 0
	RGB	148 / 222 / 226
		#94dee2

	CMYK	85 / 26 / 47 / 0
	RGB	68 / 146 / 147
		#449293

vivid

CMYK
38/6/0/0
RGB
181/217/255
#b5d9ff

CMYK
22/3/0/0
RGB
216/235/255
#d8ebff

CMYK
7/6/7/0
RGB
239/238/236
#efeeec

CMYK
0/43/89/0
RGB
255/175/1
#ffaf01

CMYK
0/72/89/0
RGB
239/105/0
#ef6900

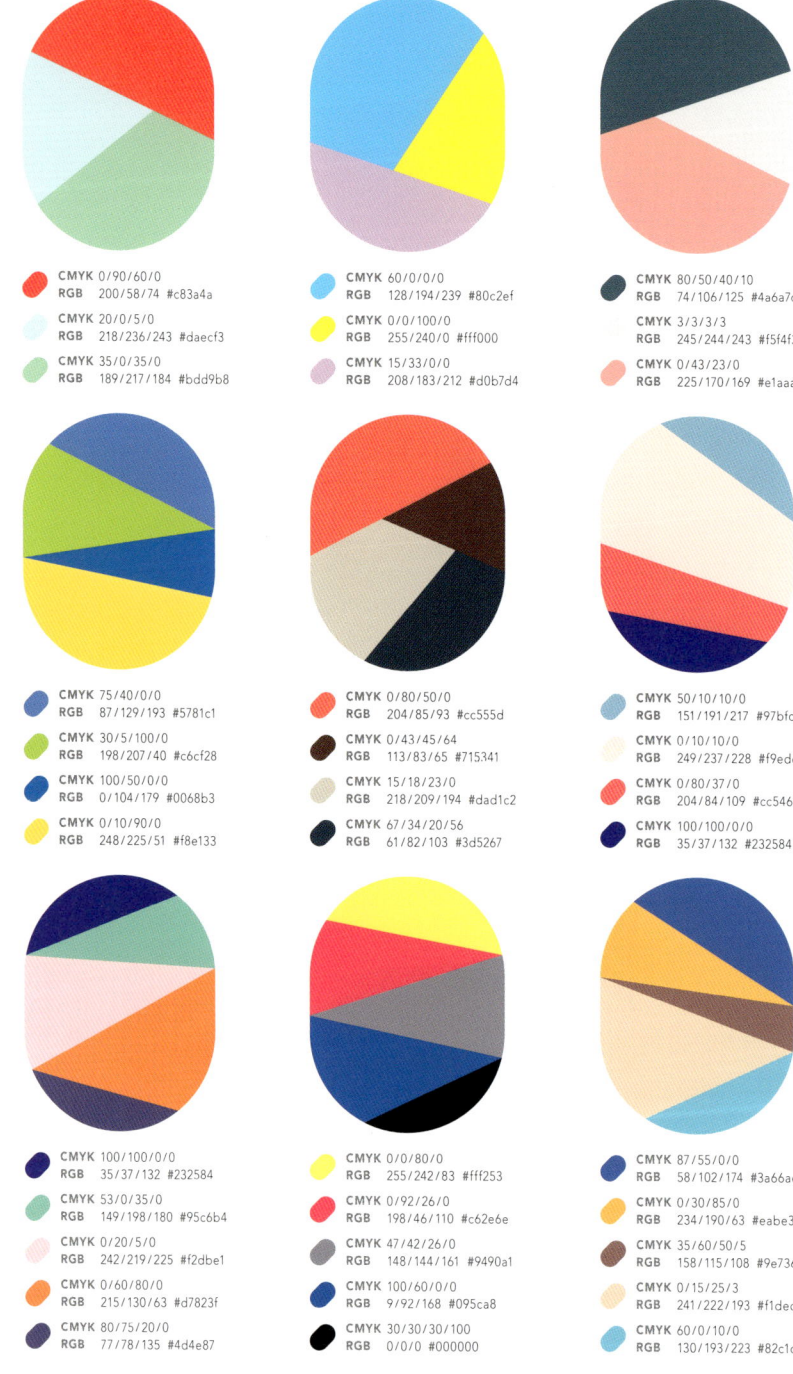

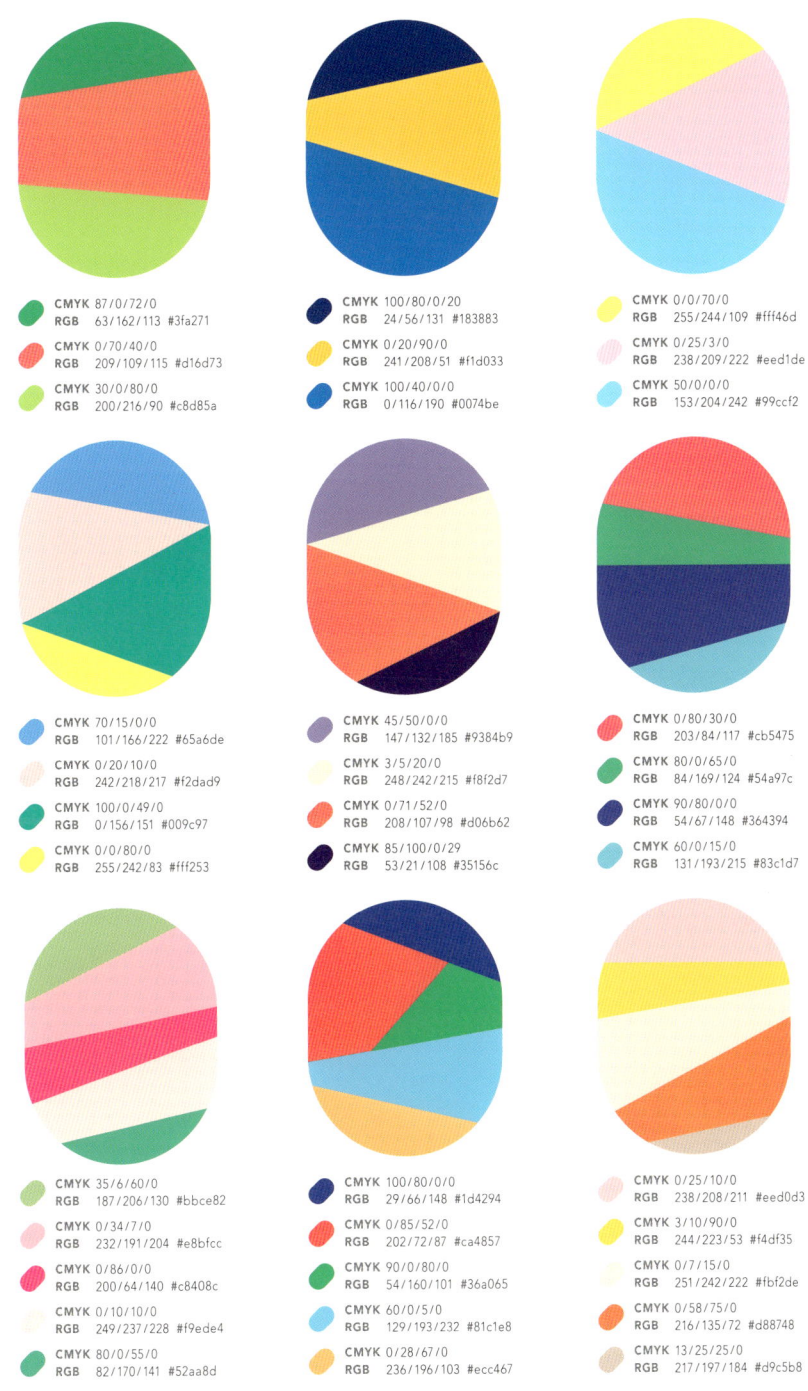

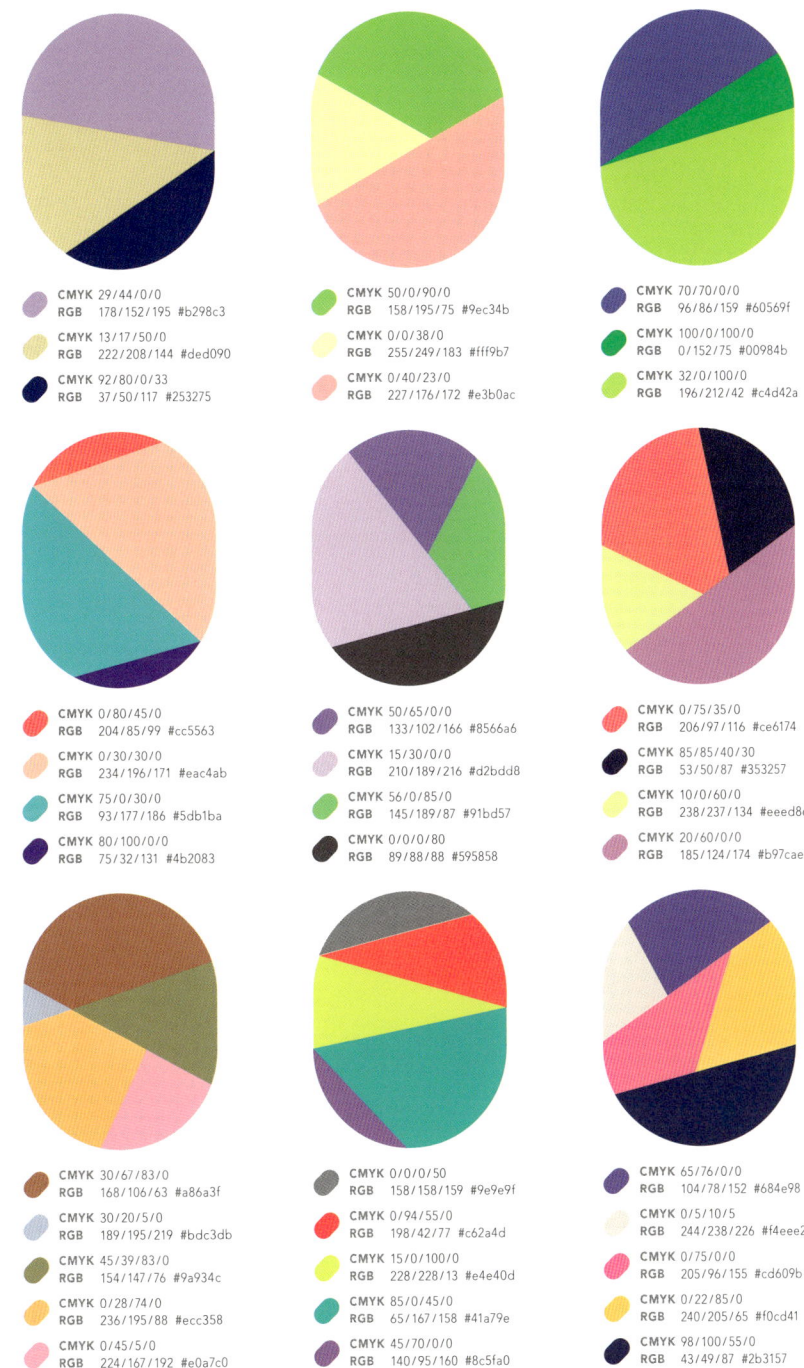

CMYK
21 / 18 / 51 / 0
RGB
212 / 204 / 143
#d4cc8f

CMYK
20 / 37 / 29 / 0
RGB
202 / 173 / 167
#caada7

CMYK
17 / 22 / 18 / 0
RGB
213 / 201 / 199
#d5c9c7

CMYK
70 / 36 / 51 / 0
RGB
107 / 140 / 131
#6b8c83

CMYK
94 / 62 / 86 / 42
RGB
35 / 66 / 52
#234234

シック

調和のとれた、繊細で魅惑的な配色です。グレイッシュで落ち着いたソフトな色合いは、ゆったりとした雰囲気を感じさせます。これらの色に囲まれていると、自然とリラックスして、肩の力が抜けるでしょう。パステル調の色合いは、深みのある色と組み合わせると効果的。フェミニンなインテリアにぴったりの配色です。

CMYK	52 / 63 / 56 / 2	
RGB	134 / 106 / 103	
	#866a67	

CMYK	45 / 41 / 46 / 0	
RGB	154 / 147 / 133	
	#9a9385	

CMYK	26 / 24 / 35 / 0	
RGB	197 / 191 / 167	
	#c5bfa7	

CMYK	10 / 16 / 22 / 0	
RGB	230 / 219 / 200	
	#e6dbc8	

CMYK	78 / 67 / 55 / 13	
RGB	78 / 85 / 96	
	#4e5560	

CMYK	46 / 97 / 95 / 52	
RGB	83 / 6 / 12	
	#53060c	

CMYK	19 / 77 / 45 / 0	
RGB	190 / 92 / 107	
	#be5c6b	

CMYK	3 / 21 / 11 / 0	
RGB	239 / 216 / 216	
	#efd8d8	

CMYK	22 / 27 / 32 / 0	
RGB	204 / 190 / 170	
	#ccbeaa	

CMYK	40 / 50 / 63 / 0	
RGB	161 / 135 / 101	
	#a18765	

chic

CMYK	CMYK	CMYK	CMYK	CMYK
55/75/84/24	25/56/59/0	12/32/47/0	31/37/62/0	71/53/62/6
RGB	RGB	RGB	RGB	RGB
107/72/54	186/134/103	220/187/141	184/163/111	97/109/99
#6b4836	#ba8667	#dcbb8d	#b8a36f	#616d63

 CMYK 77/75/62/72
RGB 32/26/35
#201a23

 CMYK 68/69/49/6
RGB 100/88/105
#645869

 CMYK 33/32/23/0
RGB 178/171/178
#b2abb2

 CMYK 30/20/17/0
RGB 190/195/201
#bec3c9

 CMYK 33/51/55/0
RGB 173/138/113
#ad8a71

CMYK
100/77/38/1
RGB
5/74/125
#054a7d

CMYK
61/30/29/0
RGB
127/157/172
#7f9dac

CMYK
35/14/30/0
RGB
185/201/186
#b9c9ba

CMYK
22/41/75/0
RGB
199/162/84
#c7a254

CMYK
52/86/100/30
RGB
104/52/14
#68340e

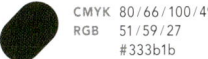 *chic*

CMYK 80 / 66 / 100 / 49
RGB 51 / 59 / 27
#333b1b

CMYK 59 / 37 / 74 / 0
RGB 129 / 143 / 94
#818f5e

CMYK 0 / 43 / 19 / 0
RGB 246 / 177 / 179
#f6b1b3

CMYK 20 / 17 / 27 / 0
RGB 211 / 208 / 188
#d3d0bc

CMYK 32 / 57 / 84 / 0
RGB 175 / 127 / 66
#af7f42

CMYK 83 / 70 / 74 / 66
RGB 20 / 36 / 33
#142421

CMYK 62 / 42 / 100 / 1
RGB 124 / 133 / 44
#7c852c

CMYK 27 / 71 / 38 / 0
RGB 177 / 102 / 122
#b1667a

CMYK 13 / 25 / 22 / 0
RGB 220 / 200 / 191
#dcc8bf

CMYK 43 / 33 / 33 / 0
RGB 159 / 161 / 160
#9fa1a0

CMYK 71 / 78 / 65 / 33
RGB 75 / 59 / 66
#4b3b42

CMYK 42 / 51 / 44 / 0
RGB 156 / 132 / 129
#9c8481

CMYK 14 / 28 / 23 / 0
RGB 217 / 194 / 186
#d9c2ba

CMYK 10 / 24 / 31 / 0
RGB 226 / 203 / 176
#e2cbb0

CMYK 50 / 24 / 26 / 0
RGB 152 / 174 / 182
#98aeb6

CMYK	12 / 7 / 28 / 0	
RGB	233 / 233 / 198	
#e9e9c6		

CMYK 21 / 17 / 51 / 0
RGB 213 / 207 / 145
#d5cf91

CMYK 47 / 32 / 91 / 0
RGB 158 / 160 / 65
#9ea041

CMYK 68 / 47 / 100 / 5
RGB 108 / 120 / 42
#6c782a

CMYK 92 / 62 / 58 / 14
RGB 49 / 86 / 96
#315660

CMYK 8 / 12 / 19 / 0
RGB 236 / 227 / 209
#ece3d1

CMYK 4 / 31 / 34 / 0
RGB 232 / 194 / 165
#e8c2a5

CMYK 21 / 62 / 68 / 0
RGB 190 / 121 / 85
#be7955

CMYK 56 / 37 / 100 / 0
RGB 138 / 145 / 45
#8a912d

CMYK 77 / 76 / 65 / 37
RGB 63 / 58 / 64
#3f3a40

chic

CMYK
60/60/60/90
RGB
22/21/21
#161515

CMYK
85/78/66/44
RGB
46/50/58
#2e323a

CMYK
71/64/65/18
RGB
87/86/82
#575652

CMYK
39/26/23/0
RGB
170/177/184
#aab1b8

CMYK
3/9/77/0
RGB
254/235/83
#feeb53

- CMYK 5/3/10/5
  RGB 238/238/228 #eeeee4
- CMYK 23/23/30/10
  RGB 188/181/165 #bcb5a5
- CMYK 20/20/25/5
  RGB 202/195/182 #cac3b6

- CMYK 30/38/35/0
  RGB 181/161/153 #b5a199
- CMYK 13/10/23/0
  RGB 227/224/202 #e3e0ca
- CMYK 25/15/15/3
  RGB 198/203/206 #c6cbce

- CMYK 12/6/8/0
  RGB 231/234/233 #e7eae9
- CMYK 20/23/28/3
  RGB 203/192/177 #cbc0b1
- CMYK 13/26/20/0
  RGB 217/196/191 #d9c4bf

- CMYK 35/32/27/0
  RGB 175/169/171 #afa9ab
- CMYK 23/14/14/0
  RGB 205/210/212 #cdd2d4
- CMYK 18/20/17/5
  RGB 205/197/196 #cdc5c4
- CMYK 55/35/45/20
  RGB 117/129/120 #758178

- CMYK 40/20/35/0
  RGB 171/184/168 #abb8a8
- CMYK 75/58/70/15
  RGB 83/94/81 #535e51
- CMYK 23/12/25/0
  RGB 207/212/195 #cfd4c3
- CMYK 15/10/15/0
  RGB 223/224/216 #dfe0d8

- CMYK 19/38/45/0
  RGB 200/167/137 #c8a789
- CMYK 15/10/10/0
  RGB 223/224/225 #dfe0e1
- CMYK 7/16/22/0
  RGB 233/219/199 #e9dbc7
- CMYK 17/16/25/0
  RGB 216/210/192 #d8d2c0

- CMYK 5/3/10/0
  RGB 245/245/235 #f5f5eb
- CMYK 20/17/22/0
  RGB 210/206/196 #d2cec4
- CMYK 5/15/13/0
  RGB 237/223/216 #eddfd8
- CMYK 22/20/25/5
  RGB 198/194/182 #c6c2b6
- CMYK 10/6/10/0
  RGB 234/235/230 #eaebe6

- CMYK 17/20/20/0
  RGB 213/204/197 #d5ccc5
- CMYK 11/42/55/0
  RGB 210/164/117 #d2a475
- CMYK 31/38/34/0
  RGB 179/161/155 #b3a19b
- CMYK 8/8/13/0
  RGB 237/233/223 #ede9df
- CMYK 25/60/80/0
  RGB 179/121/68 #b37944

- CMYK 14/11/18/0
  RGB 224/222/210 #e0ded2
- CMYK 78/58/55/8
  RGB 80/98/103 #506267
- CMYK 75/65/50/14
  RGB 81/86/100 #515664
- CMYK 9/5/8/0
  RGB 237/238/235 #edeeeb
- CMYK 28/17/20/0
  RGB 195/200/198 #c3c8c6

- **CMYK** 22/15/17/0
  RGB 207/209/206 #cfd1ce
- **CMYK** 30/15/22/0
  RGB 192/201/196 #c0c9c4
- **CMYK** 19/21/20/0
  RGB 209/201/195 #d1c9c3

- **CMYK** 15/26/20/0
  RGB 213/195/191 #d5c3bf
- **CMYK** 10/18/13/3
  RGB 223/210/209 #dfd2d1
- **CMYK** 5/15/15/5
  RGB 230/216/207 #e6d8cf

- **CMYK** 10/6/10/0
  RGB 234/235/230 #eaebe6
- **CMYK** 30/10/15/0
  RGB 194/210/213 #c2d2d5
- **CMYK** 5/16/13/0
  RGB 236/221/215 #ecddd7

- **CMYK** 32/13/19/0
  RGB 189/203/203 #bdcbcb
- **CMYK** 72/40/49/0
  RGB 99/130/128 #638280
- **CMYK** 0/35/27/0
  RGB 231/186/171 #e7baab
- **CMYK** 5/8/10/0
  RGB 242/236/229 #f2ece5

- **CMYK** 29/13/24/0
  RGB 195/205/195 #c3cdc3
- **CMYK** 8/8/12/0
  RGB 237/234/225 #edeae1
- **CMYK** 32/27/32/0
  RGB 183/179/168 #b7b3a8
- **CMYK** 56/50/52/0
  RGB 129/125/117 #817d75

- **CMYK** 34/58/45/0
  RGB 165/122/120 #a57a78
- **CMYK** 13/8/8/0
  RGB 227/230/231 #e3e6e7
- **CMYK** 53/80/65/15
  RGB 114/70/74 #72464a
- **CMYK** 5/12/12/0
  RGB 239/229/221 #efe5dd

- **CMYK** 10/12/10/0
  RGB 230/225/224 #e6e1e0
- **CMYK** 14/24/24/0
  RGB 216/199/186 #d8c7ba
- **CMYK** 5/5/7/0
  RGB 244/242/238 #f4f2ee
- **CMYK** 23/21/20/0
  RGB 202/197/195 #cac5c3
- **CMYK** 7/16/22/0
  RGB 233/219/199 #e9dbc7

- **CMYK** 30/57/50/0
  RGB 172/126/114 #ac7e72
- **CMYK** 17/18/21/0
  RGB 214/207/197 #d6cfc5
- **CMYK** 5/14/11/0
  RGB 238/225/221 #eee1dd
- **CMYK** 8/34/33/0
  RGB 220/183/162 #dcb7a2
- **CMYK** 11/43/56/0
  RGB 209/162/115 #d1a273

- **CMYK** 18/5/10/0
  RGB 220/230/230 #dce6e6
- **CMYK** 50/33/27/5
  RGB 141/152/163 #8d98a3
- **CMYK** 25/10/10/0
  RGB 204/215/223 #ccd7df
- **CMYK** 25/0/0/34
  RGB 157/175/188 #9dafbc
- **CMYK** 30/13/17/0
  RGB 193/205/207 #c1cdcf

- **CMYK** 65/95/53/17
  RGB 92/44/78 #5c2c4e
- **CMYK** 10/10/10/0
  RGB 232/229/226 #e8e5e2
- **CMYK** 64/73/65/10
  RGB 102/81/81 #665151

- **CMYK** 22/25/23/0
  RGB 202/191/186 #cabfba
- **CMYK** 55/57/55/0
  RGB 129/114/108 #81726c
- **CMYK** 55/50/52/0
  RGB 131/125/117 #837d75

- **CMYK** 40/85/78/15
  RGB 133/63/58 #853f3a
- **CMYK** 40/28/42/0
  RGB 168/171/149 #a8ab95
- **CMYK** 20/20/30/0
  RGB 208/200/179 #d0c8b3

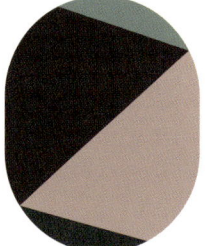
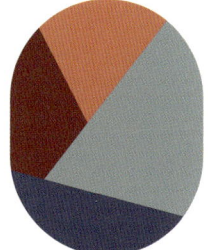

- **CMYK** 50/30/25/5
  RGB 142/156/169 #8e9ca9
- **CMYK** 0/10/10/3
  RGB 245/233/224 #f5e9e0
- **CMYK** 50/30/35/0
  RGB 147/160/158 #93a09e
- **CMYK** 14/40/65/10
  RGB 193/155/95 #c19b5f

- **CMYK** 55/33/45/0
  RGB 136/151/140 #88978c
- **CMYK** 73/75/75/45
  RGB 62/54/50 #3e3632
- **CMYK** 25/35/30/0
  RGB 191/170/164 #bfaaa4
- **CMYK** 79/67/70/35
  RGB 61/68/65 #3d4441

- **CMYK** 18/62/65/0
  RGB 188/120/88 #bc7858
- **CMYK** 50/88/85/23
  RGB 110/54/49 #6e3631
- **CMYK** 45/28/30/0
  RGB 157/168/169 #9da8a9
- **CMYK** 80/70/45/5
  RGB 76/83/109 #4c536d

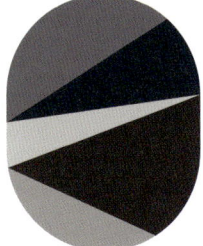

- **CMYK** 100/70/65/40
  RGB 21/58/66 #153a42
- **CMYK** 80/55/70/15
  RGB 73/96/83 #496053
- **CMYK** 25/40/45/0
  RGB 188/160/135 #bca087
- **CMYK** 80/73/78/50
  RGB 49/51/46 #31332e
- **CMYK** 50/90/90/28
  RGB 105/48/42 #69302a

- **CMYK** 51/56/68/3
  RGB 135/115/89 #877359
- **CMYK** 67/72/82/40
  RGB 75/61/49 #4b3d31
- **CMYK** 25/30/30/5
  RGB 188/174/164 #bcaea4
- **CMYK** 52/56/68/3
  RGB 133/115/89 #857359
- **CMYK** 10/55/40/10
  RGB 190/130/122 #be827a

- **CMYK** 64/55/48/0
  RGB 112/113/119 #707177
- **CMYK** 90/75/63/35
  RGB 43/58/68 #2b3a44
- **CMYK** 23/17/16/0
  RGB 204/205/206 #cccdce
- **CMYK** 78/72/68/38
  RGB 60/61/62 #3c3d3e
- **CMYK** 37/30/27/0
  RGB 172/171/173 #acabad

chic

- CMYK 78/60/45/18
  RGB 73/88/105 #495869
- CMYK 18/40/42/0
  RGB 200/165/140 #c8a58c
- CMYK 78/63/62/18
  RGB 74/85/85 #4a5555

- CMYK 25/35/30/0
  RGB 191/170/164 #bfaaa4
- CMYK 73/75/75/40
  RGB 66/57/54 #423936
- CMYK 62/50/64/3
  RGB 116/119/99 #747763

- CMYK 60/52/50/0
  RGB 121/120/118 #797876
- CMYK 28/38/45/0
  RGB 185/162/137 #b9a289
- CMYK 7/7/10/0
  RGB 239/236/230 #efece6

- CMYK 60/55/55/0
  RGB 120/115/109 #78736d
- CMYK 48/45/45/0
  RGB 146/138/131 #928a83
- CMYK 38/32/35/0
  RGB 169/166/158 #a9a69e
- CMYK 23/20/24/0
  RGB 202/199/189 #cac7bd

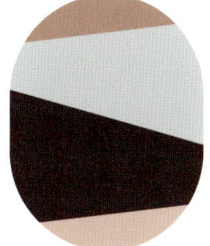

- CMYK 27/50/47/0
  RGB 180/140/124 #b48c7c
- CMYK 23/15/13/0
  RGB 205/208/213 #cdd0d5
- CMYK 67/82/78/53
  RGB 61/41/40 #3d2928
- CMYK 13/30/25/0
  RGB 214/188/179 #d6bcb3

- CMYK 14/40/65/22
  RGB 175/140/86 #af8c56
- CMYK 7/8/8/0
  RGB 238/235/232 #eeebe8
- CMYK 42/80/93/8
  RGB 138/76/48 #8a4c30
- CMYK 15/10/10/0
  RGB 223/224/225 #dfe0e1

- CMYK 59/100/70/35
  RGB 85/27/51 #551b33
- CMYK 10/27/57/5
  RGB 214/187/120 #d6bb78
- CMYK 40/83/50/0
  RGB 147/74/95 #934a5f
- CMYK 60/70/50/85
  RGB 32/16/26 #20101a
- CMYK 26/48/97/0
  RGB 183/142/44 #b78e2c

- CMYK 22/20/28/15
  RGB 184/179/165 #b8b3a5
- CMYK 80/70/56/20
  RGB 68/75/87 #444b57
- CMYK 26/11/20/0
  RGB 202/212/204 #cad4cc
- CMYK 8/7/13/0
  RGB 237/235/224 #edebe0
- CMYK 65/60/60/10
  RGB 103/99/94 #67635e

- CMYK 11/43/57/0
  RGB 209/162/113 #d1a271
- CMYK 75/50/48/0
  RGB 91/115/122 #5b737a
- CMYK 85/73/80/58
  RGB 37/44/39 #252c27
- CMYK 33/25/32/0
  RGB 182/182/170 #b6b6aa
- CMYK 95/68/60/25
  RGB 37/71/81 #254751

CMYK
80 / 90 / 61 / 58
RGB
41 / 26 / 45
#291a2d

CMYK
69 / 76 / 56 / 17
RGB
90 / 71 / 85
#5a4755

CMYK
49 / 43 / 41 / 0
RGB
144 / 140 / 138
#908c8a

CMYK
17 / 8 / 7 / 0
RGB
221 / 228 / 234
#dde4ea

CMYK
49 / 61 / 53 / 1
RGB
141 / 112 / 108
#8d706c

classic

クラシック

ダークグレー、ダークブラウン、ライトベージュのコントラストでまとめた、深みのある厳格な配色パターンです。インテリアでは、重厚で威厳を感じる会議室などに適しており、男性のビジネスウェアにもよく合うでしょう。「シック」に掲載した配色よりも明度を下げ、全体的にダークなトーンでまとめると、「クラシック」な配色になります。

CMYK 7/41/58/0
RGB 225/173/115
#e1ad73

CMYK 58/52/49/0
RGB 125/121/120
#7d7978

CMYK 72/70/69/31
RGB 75/70/67
#4b4643

CMYK 69/68/70/85
RGB 21/10/6
#150a06

CMYK 30/30/30/100
RGB 0/0/0
#000000

CMYK 67/72/71/31
RGB 83/69/64
#534540

CMYK 36/39/44/0
RGB 171/156/138
#ab9c8a

CMYK 34/24/17/0
RGB 182/185/196
#b6b9c4

CMYK 33/74/100/0
RGB 168/92/8
#a85c08

CMYK 61/81/100/49
RGB 74/45/8
#4a2d08

classic

CMYK	CMYK	CMYK	CMYK	CMYK
70/73/72/74	61/76/100/42	26/29/61/0	15/12/11/0	53/38/29/0
RGB	RGB	RGB	RGB	RGB
34/27/26	82/57/26	198/182/118	221/221/221	141/150/164
#221b1a	#52391a	#c6b676	#dddddd	#8d96a4

 CMYK 52/88/90/67
RGB 56/22/14
#38160e

 CMYK 47/89/100/18
RGB 124/54/31
#7c361f

 CMYK 60/35/28/0
RGB 128/150/168
#8096a8

 CMYK 89/77/56/25
RGB 50/64/82
#324052

 CMYK 73/68/64/87
RGB 18/16/17
#121011

CMYK
61/80/78/72
RGB
47/25/25
#2f1919

CMYK
50/87/96/23
RGB
115/57/41
#733929

CMYK
22/69/71/0
RGB
186/107/77
#ba6b4d

CMYK
0/45/36/0
RGB
234/170/150
#eaaa96

CMYK
36/82/11/0
RGB
162/75/145
#a24b91

 *classic*

CMYK 64/80/66/78
RGB 40/20/31
#28141f

CMYK 71/79/51/12
RGB 90/70/93
#5a465d

CMYK 54/63/76/10
RGB 123/99/73
#7b6349

CMYK 51/33/53/0
RGB 146/155/128
#929b80

CMYK 72/59/100/26
RGB 82/86/36
#525624

CMYK 72/72/72/74
RGB 37/30/27
#251e1b

CMYK 73/67/58/14
RGB 86/85/91
#56555b

CMYK 57/43/46/0
RGB 129/135/130
#818782

CMYK 26/22/19/0
RGB 196/194/195
#c4c2c3

CMYK 39/39/51/0
RGB 166/154/128
#a69a80

CMYK 52/80/100/25
RGB 111/64/25
#6f4019

CMYK 9/59/84/0
RGB 211/132/57
#d38439

CMYK 5/23/22/0
RGB 235/209/194
#ebd1c2

CMYK 47/45/38/0
RGB 148/139/142
#948b8e

CMYK 12/89/76/0
RGB 197/63/59
#c53f3b

	CMYK	32 / 95 / 100 / 1
	RGB	164 / 46 / 18
		#a42e12

	CMYK	34 / 68 / 83 / 0
	RGB	167 / 105 / 63
		#a7693f

	CMYK	32 / 48 / 46 / 0
	RGB	177 / 144 / 129
		#b19081

	CMYK	74 / 46 / 60 / 2
	RGB	95 / 122 / 110
		#5f7a6e

	CMYK	92 / 72 / 75 / 51
	RGB	32 / 50 / 49
		#203231

	CMYK	46 / 97 / 74 / 11
	RGB	131 / 43 / 62
		#832b3e

	CMYK	0 / 93 / 63 / 0
	RGB	234 / 11 / 63
		#ea0b3f

	CMYK	67 / 54 / 69 / 8
	RGB	104 / 108 / 88
		#686c58

	CMYK	100 / 62 / 90 / 46
	RGB	0 / 62 / 47
		#003e2f

	CMYK	95 / 77 / 60 / 32
	RGB	37 / 58 / 73
		#253a49

classic

CMYK
79/66/63/79
RGB
21/26/29
#151a1d

CMYK
97/75/70/47
RGB
27/51/56
#1b3338

CMYK
72/32/41/0
RGB
102/146/151
#669297

CMYK
25/17/24/0
RGB
202/204/193
#caccc1

CMYK
23/55/76/0
RGB
191/135/76
#bf874c

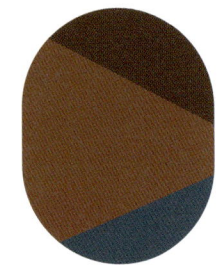

- CMYK 33/15/25/0
  RGB 186/198/191 #bac6bf
- CMYK 8/16/15/0
  RGB 231/219/211 #e7dbd3
- CMYK 33/70/62/0
  RGB 162/100/88 #a26458

- CMYK 0/90/90/40
  RGB 142/39/21 #8e2715
- CMYK 15/10/15/20
  RGB 192/193/187 #c0c1bb
- CMYK 42/23/27/0
  RGB 165/178/178 #a5b2b2

- CMYK 45/60/80/50
  RGB 92/70/43 #5c462b
- CMYK 60/80/100/0
  RGB 115/77/51 #734d33
- CMYK 87/63/55/13
  RGB 59/86/97 #3b5661

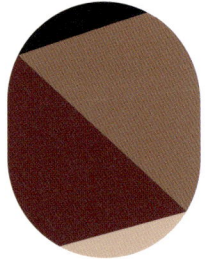

- CMYK 40/28/42/0
  RGB 168/171/149 #a8ab95
- CMYK 50/100/100/0
  RGB 128/42/46 #802a2e
- CMYK 43/85/78/10
  RGB 133/66/61 #85423d
- CMYK 20/20/27/0
  RGB 208/201/184 #d0c9b8

- CMYK 2/40/29/0
  RGB 225/175/162 #e1afa2
- CMYK 40/100/100/0
  RGB 143/38/42 #8f262a
- CMYK 10/13/17/0
  RGB 230/222/210 #e6ded2
- CMYK 53/100/95/40
  RGB 88/24/31 #58181f

- CMYK 60/55/30/85
  RGB 32/27/41 #201b29
- CMYK 50/90/5/30
  RGB 103/46/52 #672e34
- CMYK 45/65/70/0
  RGB 144/105/83 #906953
- CMYK 13/30/30/0
  RGB 214/188/170 #d6bcaa

- CMYK 89/80/62/40
  RGB 42/50/64 #2a3240
- CMYK 58/66/63/10
  RGB 114/92/86 #725c56
- CMYK 20/100/100/20
  RGB 149/22/28 #95161c
- CMYK 57/35/27/0
  RGB 130/148/165 #8294a5
- CMYK 15/30/23/0
  RGB 211/187/182 #d3bbb6

- CMYK 42/18/26/0
  RGB 167/186/185 #a7bab9
- CMYK 7/58/67/0
  RGB 207/133/86 #cf8556
- CMYK 28/26/30/0
  RGB 190/184/173 #beb8ad
- CMYK 42/100/100/10
  RGB 132/35/40 #842328
- CMYK 75/48/63/4
  RGB 90/115/101 #5a7365

- CMYK 30/100/100/0
  RGB 158/34/39 #9e2227
- CMYK 57/55/62/3
  RGB 124/114/98 #7c7262
- CMYK 7/16/25/0
  RGB 233/218/194 #e9dac2
- CMYK 68/43/50/0
  RGB 107/128/124 #6b807c
- CMYK 38/80/70/0
  RGB 151/80/74 #97504a

classic

- CMYK 18/30/55/0
  RGB 206/182/126 #ceb67e
- CMYK 0/100/100/30
  RGB 155/0/13 #9b000d
- CMYK 70/70/70/70
  RGB 42/36/34 #2a2422

- CMYK 28/64/80/0
  RGB 172/113/67 #ac7143
- CMYK 34/80/65/0
  RGB 157/81/79 #9d514f
- CMYK 7/23/17/0
  RGB 228/206/200 #e4cec8

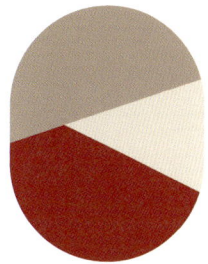

- CMYK 25/35/40/5
  RGB 185/165/144 #b9a590
- CMYK 3/8/13/5
  RGB 238/231/218 #eee7da
- CMYK 0/100/100/40
  RGB 139/0/0 #8b0000

- CMYK 56/90/92/43
  RGB 83/39/33 #532721
- CMYK 22/73/77/0
  RGB 177/97/66 #b16142
- CMYK 51/55/62/0
  RGB 137/119/99 #897763
- CMYK 73/68/80/40
  RGB 67/64/52 #434034

- CMYK 65/50/80/8
  RGB 108/113/76 #6c714c
- CMYK 0/100/100/50
  RGB 123/0/0 #7b0000
- CMYK 85/50/65/70
  RGB 25/49/44 #19312c
- CMYK 48/85/100/18
  RGB 119/62/40 #773e28

- CMYK 10/11/19/0
  RGB 231/226/209 #e7e2d1
- CMYK 19/23/19/0
  RGB 208/197/195 #d0c5c3
- CMYK 78/70/35/0
  RGB 82/86/123 #52567b
- CMYK 30/85/100/40
  RGB 115/49/21 #733115

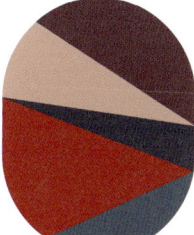

- CMYK 62/84/65/28
  RGB 90/55/65 #5a3741
- CMYK 22/40/36/0
  RGB 193/163/150 #c1a396
- CMYK 90/78/58/28
  RGB 46/60/76 #2e3c4c
- CMYK 5/100/100/30
  RGB 151/0/16 #970010
- CMYK 92/64/50/5
  RGB 50/88/108 #32586c

- CMYK 84/55/81/20
  RGB 63/91/69 #3f5b45
- CMYK 50/92/100/26
  RGB 107/46/36 #6b2e24
- CMYK 85/51/90/54
  RGB 31/65/40 #1f4128
- CMYK 56/93/100/45
  RGB 80/34/26 #50221a
- CMYK 50/92/100/26
  RGB 107/46/36 #6b2e24

- CMYK 22/60/65/0
  RGB 183/123/89 #b77b59
- CMYK 68/48/55/0
  RGB 106/121/114 #6a7972
- CMYK 3/32/50/0
  RGB 229/188/134 #e5bc86
- CMYK 18/48/76/0
  RGB 196/147/78 #c4934e
- CMYK 20/85/70/25
  RGB 145/58/57 #913a39

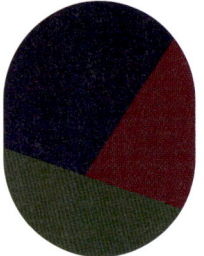

- CMYK 100/95/55/30
  RGB 30/41/71 #1e2947
- CMYK 57/100/67/30
  RGB 92/29/56 #5c1d38
- CMYK 100/80/100/0
  RGB 39/73/59 #27493b

- CMYK 65/45/80/0
  RGB 114/126/82 #727e52
- CMYK 60/100/70/45
  RGB 75/21/45 #4b152d
- CMYK 0/40/55/5
  RGB 221/168/115 #dda873

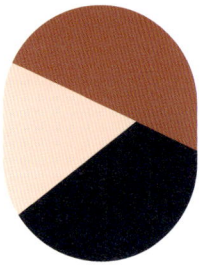

- CMYK 35/76/78/0
  RGB 157/88/68 #9d5842
- CMYK 0/17/15/0
  RGB 244/223/211 #f4dfd3
- CMYK 100/89/55/41
  RGB 23/41/66 #172942

- CMYK 80/60/30/10
  RGB 73/93/129 #495d81
- CMYK 8/10/20/5
  RGB 228/222/203 #e4decb
- CMYK 100/40/100/30
  RGB 22/92/54 #165c36
- CMYK 38/50/85/0
  RGB 163/133/68 #a38544

- CMYK 70/55/73/13
  RGB 94/101/80 #5e6550
- CMYK 18/20/58/0
  RGB 212/199/127 #d4c77f
- CMYK 20/65/50/0
  RGB 183/114/107 #b7726b
- CMYK 78/68/50/10
  RGB 78/84/101 #4e5465

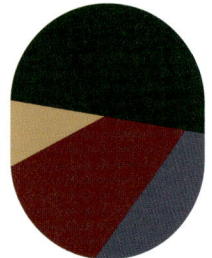

- CMYK 83/23/100/74
  RGB 25/60/20 #193c14
- CMYK 25/40/65/0
  RGB 189/159/102 #bd9f66
- CMYK 50/97/100/30
  RGB 102/34/33 #662221
- CMYK 85/65/50/10
  RGB 64/86/103 #405667

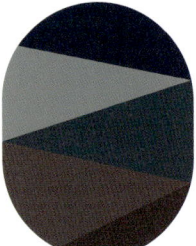

- CMYK 100/70/35/55
  RGB 0/46/75 #002e4b
- CMYK 57/40/37/0
  RGB 129/140/146 #818c92
- CMYK 100/69/62/27
  RGB 26/68/78 #1a444e
- CMYK 75/67/65/25
  RGB 74/76/76 #4a4c4c
- CMYK 78/72/70/40
  RGB 59/60/59 #3b3c3b

- CMYK 20/85/90/5
  RGB 171/70/45 #ab462d
- CMYK 100/70/100/10
  RGB 35/78/57 #234e39
- CMYK 45/100/70/10
  RGB 127/34/63 #7f223f
- CMYK 38/80/100/0
  RGB 152/80/43 #98502b
- CMYK 30/100/100/10
  RGB 148/30/36 #941e24

- CMYK 10/45/40/10
  RGB 196/149/131 #c49583
- CMYK 55/30/55/35
  RGB 103/117/95 #67755f
- CMYK 50/70/65/50
  RGB 84/58/53 #543a35
- CMYK 32/22/65/20
  RGB 161/159/97 #a19f61
- CMYK 35/60/70/30
  RGB 129/93/66 #815d42

classic

- **CMYK** 90/60/70/40
  RGB 40/69/65 #284541
- **CMYK** 50/35/100/0
  RGB 147/148/53 #939435
- **CMYK** 67/58/56/0
  RGB 106/107/106 #6a6b6a

- **CMYK** 36/20/28/0
  RGB 178/188/180 #b2bcb4
- **CMYK** 14/33/65/0
  RGB 211/178/105 #d3b269
- **CMYK** 67/35/60/0
  RGB 111/139/115 #6f8b73

- **CMYK** 80/60/40/35
  RGB 59/75/96 #3b4b60
- **CMYK** 35/38/80/0
  RGB 173/155/79 #ad9b4f
- **CMYK** 55/85/100/50
  RGB 77/41/23 #4d2917

- **CMYK** 5/55/65/0
  RGB 211/140/91 #d38c5b
- **CMYK** 27/22/32/0
  RGB 194/191/173 #c2bfad
- **CMYK** 85/60/35/25
  RGB 56/81/110 #38516e
- **CMYK** 56/92/84/59
  RGB 67/14/18 #430e12

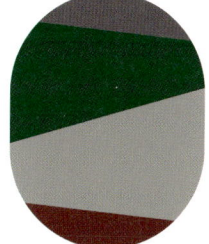

- **CMYK** 75/70/60/10
  RGB 84/82/89 #545259
- **CMYK** 100/0/100/70
  RGB 0/73/31 #00491f
- **CMYK** 45/37/35/0
  RGB 154/153/153 #9a9999
- **CMYK** 50/100/100/35
  RGB 97/26/30 #611a1e

- **CMYK** 14/25/25/0
  RGB 216/197/184 #d8c5b8
- **CMYK** 68/68/88/60
  RGB 53/44/25 #352c19
- **CMYK** 42/33/45/0
  RGB 162/161/140 #a2a18c
- **CMYK** 77/57/83/24
  RGB 74/88/64 #4a5840

- **CMYK** 25/23/20/0
  RGB 197/192/193 #c5c0c1
- **CMYK** 53/66/88/15
  RGB 118/91/56 #765b38
- **CMYK** 78/75/82/55
  RGB 47/45/39 #2f2d27
- **CMYK** 60/25/45/40
  RGB 90/114/104 #5a7268
- **CMYK** 45/83/98/11
  RGB 130/69/43 #82452b

- **CMYK** 81/58/88/57
  RGB 34/56/34 #223822
- **CMYK** 20/88/93/0
  RGB 175/65/42 #af412a
- **CMYK** 55/78/100/30
  RGB 99/63/37 #633f25
- **CMYK** 70/70/60/70
  RGB 42/36/40 #2a2428
- **CMYK** 40/38/65/0
  RGB 164/153/104 #a49968

- **CMYK** 25/38/28/0
  RGB 189/165/164 #bda5a4
- **CMYK** 58/88/82/64
  RGB 59/11/15 #3b0b0f
- **CMYK** 28/52/85/0
  RGB 178/134/65 #b28641
- **CMYK** 100/0/100/80
  RGB 0/58/18 #003a12
- **CMYK** 33/67/89/0
  RGB 164/105/56 #a46938

by colors　カラー別

red　赤

orange　オレンジ

yellow　黄色

green　緑

light blue　水色

blue　青

purple　紫

pink　ピンク

brown　茶色

black & white　白黒

CMYK
0 / 93 / 85 / 0
RGB
232 / 9 / 19
#e80913

CMYK
41 / 21 / 99 / 0
RGB
176 / 182 / 47
#b0b62f

CMYK
3 / 1 / 2 / 0
RGB
249 / 250 / 250
#f9fafa

CMYK
31 / 3 / 9 / 0
RGB
199 / 226 / 237
#c7e2ed

CMYK
84 / 34 / 45 / 0
RGB
72 / 136 / 144
#488890

赤

ジューシーで鮮やかなレッドとライトグリーンは、夏のワードローブに特別なコントラストを生み出します。この2色は、ブルーやターコイズブルーと組み合わせることで、最新の雰囲気を演出できます。ビビッドなレッドと組み合わせる場合は、薄めのピンクやライトブルーなど、明るい色と組み合わせるとよいでしょう。

red

CMYK 85/70/61/75
RGB 10/28/39
#0a1c27

CMYK 25/16/15/0
RGB 202/206/209
#caced1

CMYK 2/2/0/0
RGB 251/251/253
#fbfbfd

CMYK 0/78/42/0
RGB 221/91/108
#dd5b6c

CMYK 39/100/100/4
RGB 149/0/32
#950020

CMYK 53/100/100/40
RGB 91/0/1
#5b0001

CMYK 40/100/100/6
RGB 145/0/2
#910002

CMYK 13/99/100/0
RGB 193/0/0
#c10000

CMYK 44/20/70/0
RGB 168/181/107
#a8b56b

CMYK 4/2/1/0
RGB 247/248/250
#f7f8fa

red

CMYK	CMYK	CMYK	CMYK	CMYK
12/98/86/0	0/80/45/0	0/62/47/0	0/23/46/0	40/28/96/0
RGB	RGB	RGB	RGB	RGB
195/16/45	247/81/99	255/135/111	250/214/148	175/172/52
#c3102d	#f75163	#ff876f	#fad694	#afac34

 CMYK 76/77/68/68
RGB 39/32/37
#272025

 CMYK 0/97/98/0
RGB 212/10/0
#d40a00

 CMYK 0/82/51/0
RGB 252/76/88
#fc4c58

 CMYK 53/24/88/0
RGB 149/168/76
#95a84c

 CMYK 85/57/90/67
RGB 0/46/9
#002e09

CMYK
67/22/94/0
RGB
119/160/71
#77a047

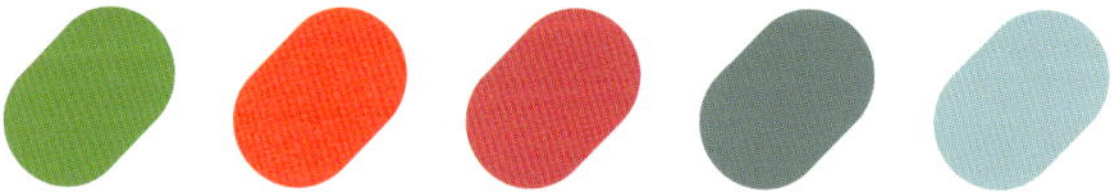

CMYK
1/92/81/0
RGB
212/45/47
#d42d2f

CMYK
11/90/46/0
RGB
199/55/95
#c7375f

CMYK
67/36/40/0
RGB
112/143/148
#708f94

CMYK
43/7/17/0
RGB
174/209/217
#aed1d9

red

CMYK 13/99/100/2
RGB 193/1/0
#c10100

CMYK 0/63/65/0
RGB 243/130/81
#f38251

CMYK 29/21/18/0
RGB 191/193/197
#bfc1c5

CMYK 55/7/11/0
RGB 144/198/228
#90c6e4

CMYK 100/100/58/17
RGB 2/3/96
#020360

CMYK 57/94/91/53
RGB 79/18/24
#4f1218

CMYK 2/91/77/0
RGB 210/50/53
#d23235

CMYK 0/66/33/0
RGB 254/126/131
#fe7e83

CMYK 40/23/25/0
RGB 170/181/183
#aab5b7

CMYK 81/62/100/41
RGB 57/69/40
#394528

CMYK 78/62/74/80
RGB 2/26/4
#021a04

CMYK 87/53/100/23
RGB 57/91/17
#395b11

CMYK 0/81/63/0
RGB 250/78/66
#fa4e42

CMYK 19/94/87/0
RGB 185/47/47
#b92f2f

CMYK 41/100/100/7
RGB 143/20/12
#8f140c

- CMYK 87/100/63/41
  RGB 48/4/61
  #30043d
- CMYK 44/100/56/2
  RGB 142/31/81
  #8e1f51
- CMYK 0/86/51/0
  RGB 229/64/89
  #e54059
- CMYK 2/62/40/0
  RGB 222/131/127
  #de837f
- CMYK 0/42/59/0
  RGB 253/179/106
  #fdb36a

- CMYK 81/35/100/0
  RGB 83/133/39
  #538527
- CMYK 18/98/100/0
  RGB 186/30/18
  #ba1e12
- CMYK 0/82/72/0
  RGB 248/74/50
  #f84a32
- CMYK 24/68/62/0
  RGB 184/110/91
  #b86e5b
- CMYK 23/50/44/0
  RGB 192/146/131
  #c09283

red

CMYK
48/39/36/0
RGB
148/148/149
#949495

CMYK
12/12/35/0
RGB
230/223/180
#e6dfb4

CMYK
6/38/27/0
RGB
225/179/170
#e1b3aa

CMYK
0/80/40/0
RGB
227/85/110
#e3556e

CMYK
40/100/100/5
RGB
148/0/0
#940000

- CMYK 0/100/100/0
  RGB 197/0/24 #c50018
- CMYK 30/57/55/0
  RGB 172/126/106 #ac7e6a
- CMYK 10/0/80/0
  RGB 238/234/86 #eeea56

- CMYK 0/20/13/0
  RGB 242/218/211 #f2dad3
- CMYK 0/0/35/0
  RGB 255/250/189 #fffabd
- CMYK 0/90/55/0
  RGB 200/57/80 #c83950

- CMYK 0/80/55/0
  RGB 204/85/87 #cc5557
- CMYK 0/40/0/0
  RGB 227/179/206 #e3b3ce
- CMYK 25/0/55/0
  RGB 209/224/144 #d1e090

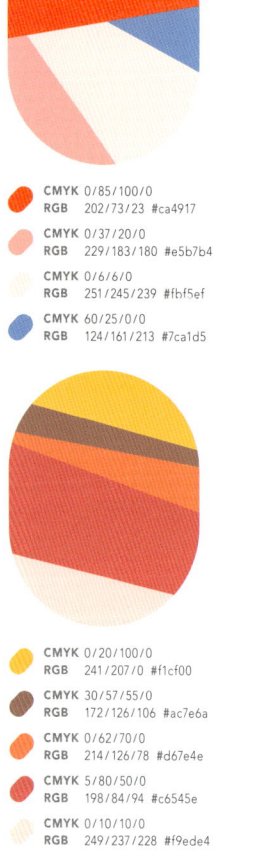

- CMYK 0/85/100/0
  RGB 202/73/23 #ca4917
- CMYK 0/37/20/0
  RGB 229/183/180 #e5b7b4
- CMYK 0/6/6/0
  RGB 251/245/239 #fbf5ef
- CMYK 60/25/0/0
  RGB 124/161/213 #7ca1d5

- CMYK 0/35/12/0
  RGB 231/188/195 #e7bcc3
- CMYK 0/20/20/0
  RGB 242/217/199 #f2d9c7
- CMYK 35/95/100/15
  RGB 137/44/36 #892c24
- CMYK 0/95/90/0
  RGB 198/41/38 #c62926

- CMYK 10/100/100/0
  RGB 185/20/30 #b9141e
- CMYK 50/35/0/0
  RGB 143/154/203 #8f9acb
- CMYK 3/10/12/0
  RGB 244/234/224 #f4eae0
- CMYK 0/40/100/0
  RGB 228/170/3 #e4aa03

- CMYK 0/20/100/0
  RGB 241/207/0 #f1cf00
- CMYK 30/57/55/0
  RGB 172/126/106 #ac7e6a
- CMYK 0/62/70/0
  RGB 214/126/78 #d67e4e
- CMYK 5/80/50/0
  RGB 198/84/94 #c6545e
- CMYK 0/10/10/0
  RGB 249/237/228 #f9ede4

- CMYK 0/35/40/0
  RGB 231/185/149 #e7b995
- CMYK 0/20/20/0
  RGB 242/217/199 #f2d9c7
- CMYK 0/90/68/0
  RGB 200/58/65 #c83a41
- CMYK 0/15/70/0
  RGB 245/219/103 #f5db67
- CMYK 0/40/10/0
  RGB 227/178/192 #e3b2c0

- CMYK 0/85/75/0
  RGB 202/73/59 #ca493b
- CMYK 8/23/15/0
  RGB 227/206/203 #e3cecb
- CMYK 89/65/0/40
  RGB 37/62/119 #253e77
- CMYK 48/78/65/7
  RGB 130/78/79 #824e4f
- CMYK 7/9/9/0
  RGB 238/233/229 #eee9e5

red

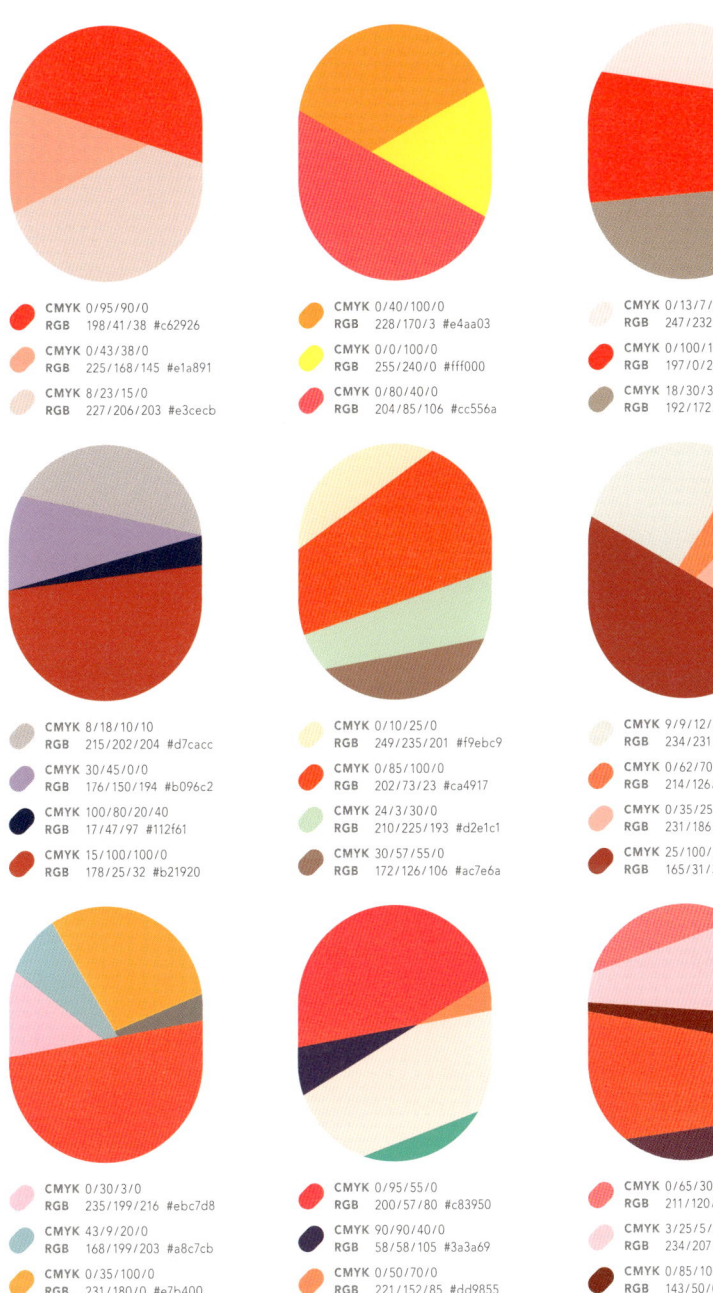

CMYK 0/95/90/0
RGB 198/41/38 #c62926

CMYK 0/43/38/0
RGB 225/168/145 #e1a891

CMYK 8/23/15/0
RGB 227/206/203 #e3cecb

CMYK 0/40/100/0
RGB 228/170/3 #e4aa03

CMYK 0/0/100/0
RGB 255/240/0 #fff000

CMYK 0/80/40/0
RGB 204/85/106 #cc556a

CMYK 0/13/7/0
RGB 247/232/230 #f7e8e6

CMYK 0/100/100/0
RGB 197/0/24 #c50018

CMYK 18/30/32/10
RGB 192/172/156 #c0ac9c

CMYK 8/18/10/10
RGB 215/202/204 #d7cacc

CMYK 30/45/0/0
RGB 176/150/194 #b096c2

CMYK 100/80/20/40
RGB 17/47/97 #112f61

CMYK 15/100/100/0
RGB 178/25/32 #b21920

CMYK 0/10/25/0
RGB 249/235/201 #f9ebc9

CMYK 0/85/100/0
RGB 202/73/23 #ca4917

CMYK 24/3/30/0
RGB 210/225/193 #d2e1c1

CMYK 30/57/55/0
RGB 172/126/106 #ac7e6a

CMYK 9/9/12/0
RGB 234/231/224 #eae7e0

CMYK 0/62/70/0
RGB 214/126/78 #d67e4e

CMYK 0/35/25/0
RGB 231/186/175 #e7baaf

CMYK 25/100/100/0
RGB 165/31/37 #a51f25

CMYK 0/30/3/0
RGB 235/199/216 #ebc7d8

CMYK 43/9/20/0
RGB 168/199/203 #a8c7cb

CMYK 0/35/100/0
RGB 231/180/0 #e7b400

CMYK 40/45/45/5
RGB 156/138/127 #9c8a7f

CMYK 0/85/75/0
RGB 202/73/59 #ca493b

CMYK 0/95/55/0
RGB 200/57/80 #c83950

CMYK 90/90/40/0
RGB 58/58/105 #3a3a69

CMYK 0/50/70/0
RGB 221/152/85 #dd9855

CMYK 3/10/12/0
RGB 244/234/224 #f4eae0

CMYK 82/3/48/0
RGB 75/166/152 #4ba698

CMYK 0/65/30/0
RGB 211/120/133 #d37885

CMYK 3/25/5/0
RGB 234/207/218 #eacfda

CMYK 0/85/100/40
RGB 143/50/0 #8f3200

CMYK 0/83/82/0
RGB 203/78/51 #cb4e33

CMYK 15/70/22/40
RGB 134/73/99 #864963

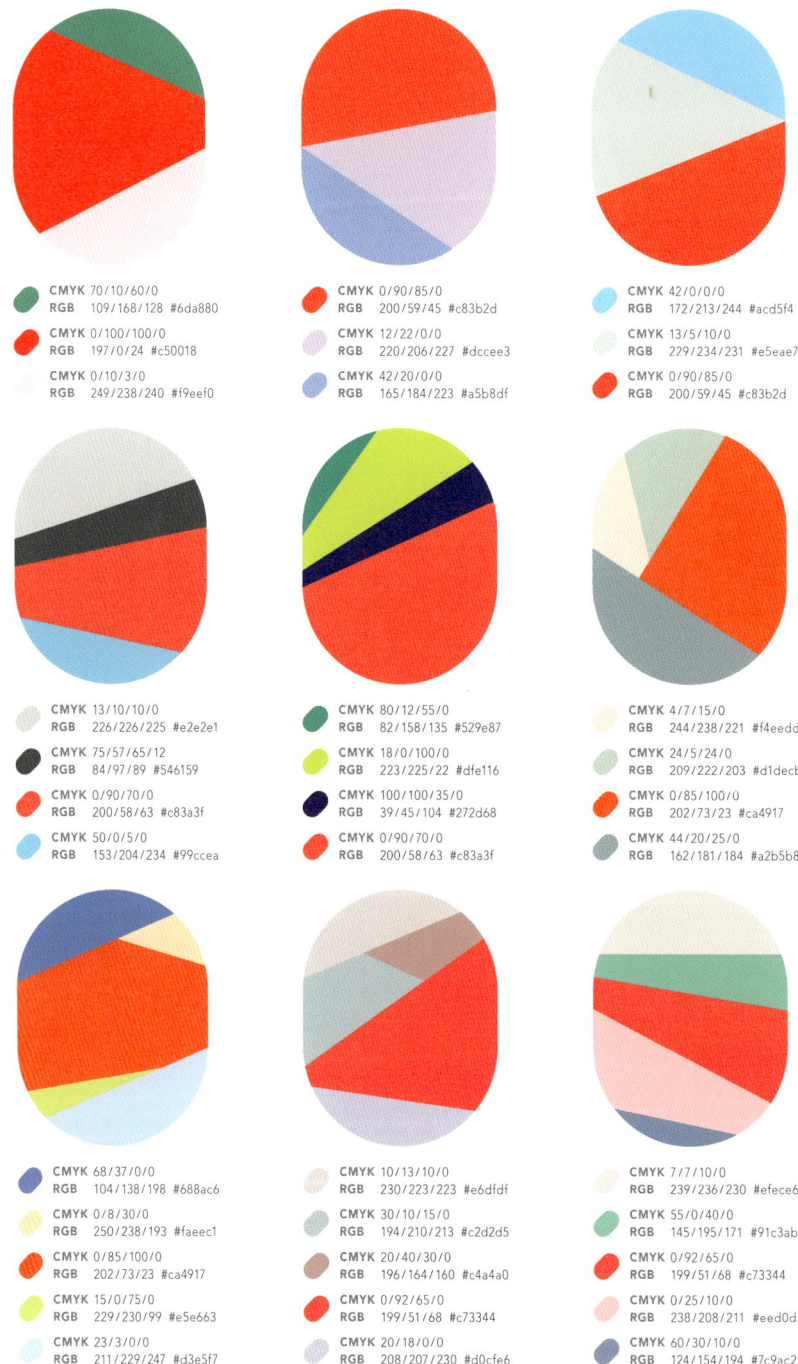

red

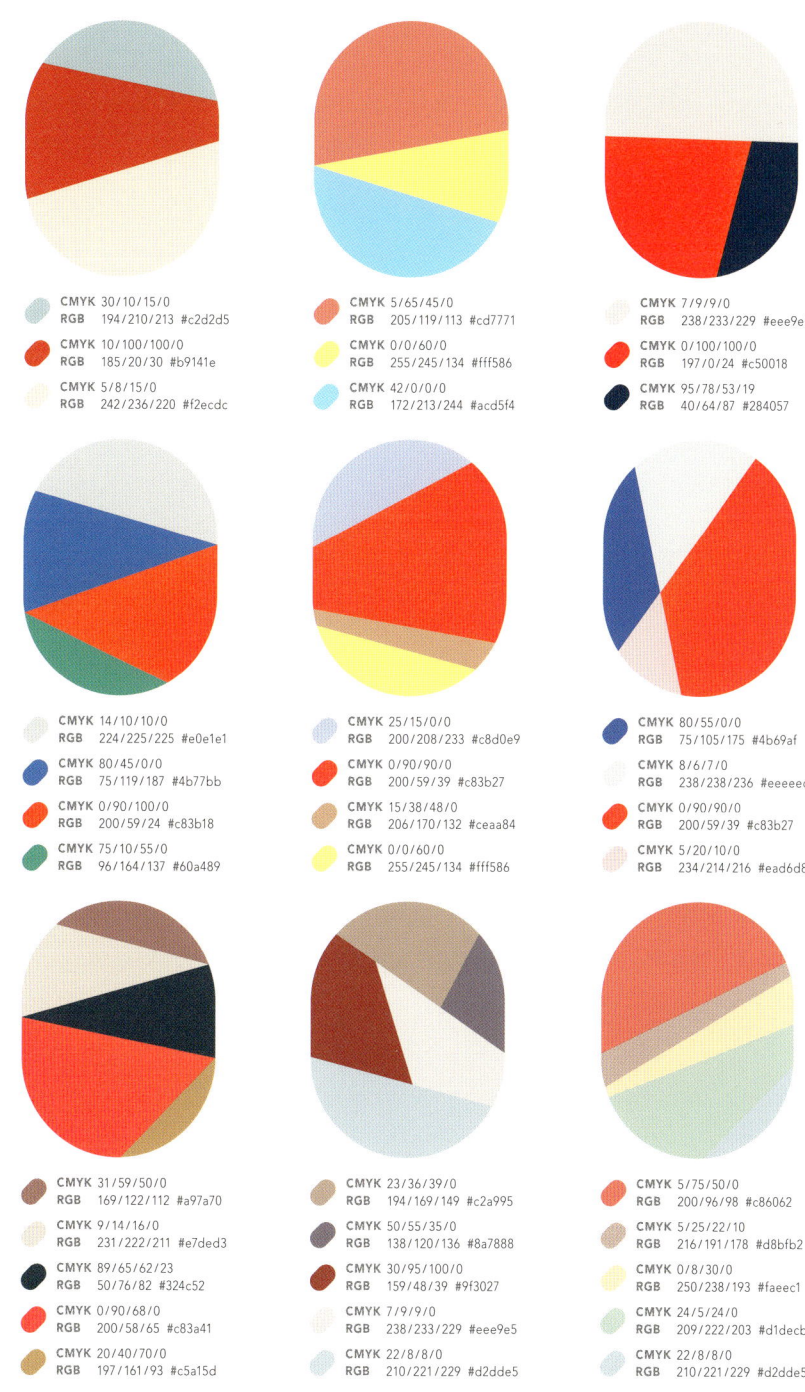

CMYK 30/10/15/0
RGB 194/210/213 #c2d2d5

CMYK 10/100/100/0
RGB 185/20/30 #b9141e

CMYK 5/8/15/0
RGB 242/236/220 #f2ecdc

CMYK 5/65/45/0
RGB 205/119/113 #cd7771

CMYK 0/0/60/0
RGB 255/245/134 #fff586

CMYK 42/0/0/0
RGB 172/213/244 #acd5f4

CMYK 7/9/9/0
RGB 238/233/229 #eee9e5

CMYK 0/100/100/0
RGB 197/0/24 #c50018

CMYK 95/78/53/19
RGB 40/64/87 #284057

CMYK 14/10/10/0
RGB 224/225/225 #e0e1e1

CMYK 80/45/0/0
RGB 75/119/187 #4b77bb

CMYK 0/90/100/0
RGB 200/59/24 #c83b18

CMYK 75/10/55/0
RGB 96/164/137 #60a489

CMYK 25/15/0/0
RGB 200/208/233 #c8d0e9

CMYK 0/90/90/0
RGB 200/59/39 #c83b27

CMYK 15/38/48/0
RGB 206/170/132 #ceaa84

CMYK 0/0/60/0
RGB 255/245/134 #fff586

CMYK 80/55/0/0
RGB 75/105/175 #4b69af

CMYK 8/6/7/0
RGB 238/238/236 #eeeeec

CMYK 0/90/90/0
RGB 200/59/39 #c83b27

CMYK 5/20/10/0
RGB 234/214/216 #ead6d8

CMYK 31/59/50/0
RGB 169/122/112 #a97a70

CMYK 9/14/16/0
RGB 231/222/211 #e7ded3

CMYK 89/65/62/23
RGB 50/76/82 #324c52

CMYK 0/90/68/0
RGB 200/58/65 #c83a41

CMYK 20/40/70/0
RGB 197/161/93 #c5a15d

CMYK 23/36/39/0
RGB 194/169/149 #c2a995

CMYK 50/55/35/0
RGB 138/120/136 #8a7888

CMYK 30/95/100/0
RGB 159/48/39 #9f3027

CMYK 7/9/9/0
RGB 238/233/229 #eee9e5

CMYK 22/8/8/0
RGB 210/221/229 #d2dde5

CMYK 5/75/50/0
RGB 200/96/98 #c86062

CMYK 5/25/22/10
RGB 216/191/178 #d8bfb2

CMYK 0/8/30/0
RGB 250/238/193 #faeec1

CMYK 24/5/24/0
RGB 209/222/203 #d1decb

CMYK 22/8/8/0
RGB 210/221/229 #d2dde5

145

CMYK
76 / 44 / 93 / 4
RGB
92 / 121 / 68
#5c7944

CMYK
47 / 3 / 92 / 0
RGB
171 / 203 / 66
#abcb42

CMYK
3 / 10 / 92 / 0
RGB
254 / 231 / 26
#fee71a

CMYK
0 / 43 / 88 / 0
RGB
254 / 175 / 23
#feaf17

CMYK
0 / 81 / 86 / 0
RGB
243 / 80 / 1
#f35001

orange

オレンジ

オレンジには、グリーン、イエロー、マスタードなど、彩度の高いビビッドな色合いがぴったりです。イエローが強いオレンジでは、同じようにイエローを感じるグリーンがよく調和します。イエローが弱めのオレンジでは、クリーム色やグレイッシュブラウンなどの優しい色合いを組み合わせるとよいでしょう。彩度をコントロールするのがポイントです。

CMYK 76 / 45 / 51 / 0
RGB 91 / 124 / 125
#5b7c7d

CMYK 69 / 9 / 25 / 0
RGB 114 / 184 / 201
#72b8c9

CMYK 0 / 26 / 36 / 0
RGB 254 / 211 / 165
#fed3a5

CMYK 0 / 57 / 88 / 0
RGB 254 / 144 / 1
#fe9001

CMYK 0 / 76 / 73 / 0
RGB 254 / 94 / 49
#fe5e31

CMYK 92 / 90 / 34 / 58
RGB 19 / 13 / 61
#130d3d

CMYK 7 / 11 / 75 / 0
RGB 245 / 227 / 91
#f5e35b

CMYK 0 / 38 / 89 / 0
RGB 252 / 184 / 25
#fcb819

CMYK 0 / 57 / 88 / 2
RGB 253 / 144 / 1
#fd9001

CMYK 0 / 82 / 86 / 0
RGB 240 / 74 / 0
#f04a00

orange

CMYK	CMYK	CMYK	CMYK	CMYK
39/84/100/4	2/43/82/0	6/9/13/0	100/96/52/5	95/90/40/58
RGB	RGB	RGB	RGB	RGB
153/70/14	232/169/63	241/235/224	23/43/105	10/18/55
#99460e	#e8a93f	#f1ebe0	#172b69	#0a1237

 CMYK 66/70/66/88
RGB 17/1/1
#110101

 CMYK 34/88/90/74
RGB 63/6/3
#3f0603

 CMYK 0/74/64/0
RGB 245/101/72
#f56548

 CMYK 0/57/47/0
RGB 249/146/116
#f99274

 CMYK 8/13/16/0
RGB 235/225/213
#ebe1d5

CMYK
0/80/82/0
RGB
255/80/13
#ff500d

CMYK
0/47/38/0
RGB
255/171/142
#ffab8e

CMYK
0/26/40/0
RGB
255/211/157
#ffd39d

CMYK
0/37/78/0
RGB
255/188/64
#ffbc40

CMYK
87/50/100/17
RGB
59/100/4
#3b6404

orange

CMYK 5/89/100/0
RGB 207/59/2
#cf3b02

CMYK 0/61/82/0
RGB 254/135/37
#fe8725

CMYK 0/27/57/0
RGB 254/208/122
#fed07a

CMYK 53/59/76/6
RGB 130/109/77
#826d4d

CMYK 62/73/43/2
RGB 114/87/112
#725770

CMYK 50/85/80/60
RGB 71/28/11
#471c0b

CMYK 12/74/86/0
RGB 201/99/50
#c96332

CMYK 0/49/94/0
RGB 236/158/20
#ec9e14

CMYK 4/13/14/0
RGB 241/228/218
#f1e4da

CMYK 91/15/7/0
RGB 0/162/228
#00a2e4

CMYK 49/65/86/7
RGB 135/100/62
#87643e

CMYK 0/71/61/0
RGB 255/110/78
#ff6e4e

CMYK 0/49/89/0
RGB 254/162/1
#fea201

CMYK 0/15/89/0
RGB 255/224/42
#ffe02a

CMYK 91/54/100/28
RGB 45/85/0
#2d5500

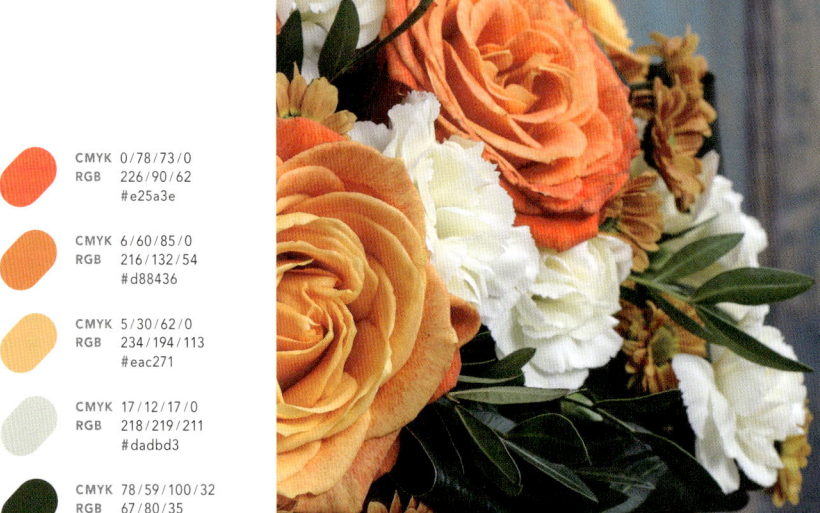

- CMYK 0/78/73/0
  RGB 226/90/62
  #e25a3e
- CMYK 6/60/85/0
  RGB 216/132/54
  #d88436
- CMYK 5/30/62/0
  RGB 234/194/113
  #eac271
- CMYK 17/12/17/0
  RGB 218/219/211
  #dadbd3
- CMYK 78/59/100/32
  RGB 67/80/35
  #435023

- CMYK 76/57/90/70
  RGB 27/44/0
  #1b2c00
- CMYK 82/43/100/5
  RGB 77/119/1
  #4d7701
- CMYK 0/74/87/0
  RGB 244/101/0
  #f46500
- CMYK 4/7/2/0
  RGB 244/240/244
  #f4f0f4
- CMYK 42/46/37/0
  RGB 158/141/143
  #9e8d8f

orange

CMYK
56/0/100/0
RGB
152/198/1
#98c601

CMYK
78/40/84/2
RGB
89/127/82
#597f52

CMYK
56/23/44/0
RGB
139/168/151
#8ba897

CMYK
11/25/36/0
RGB
224/201/167
#e0c9a7

CMYK
8/66/100/0
RGB
211/118/1
#d37601

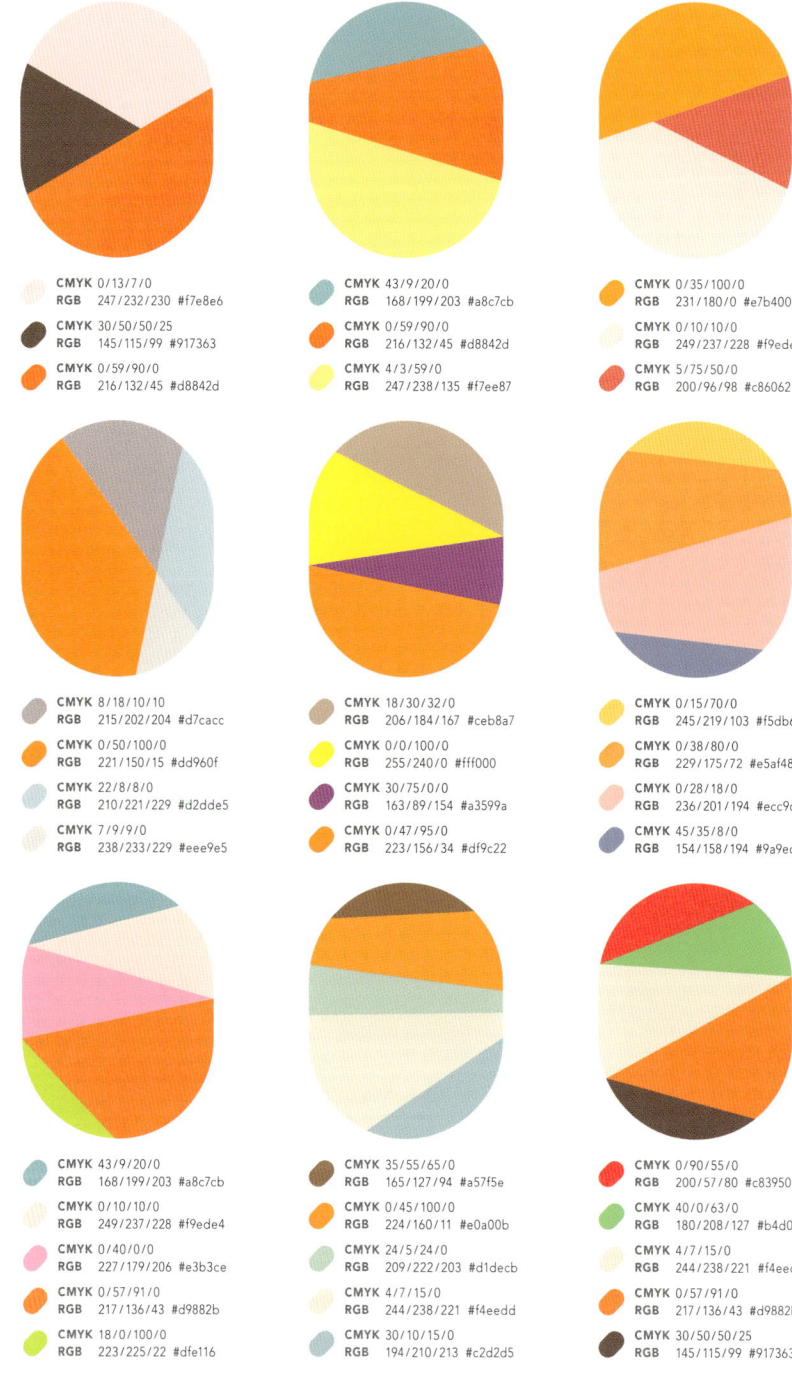

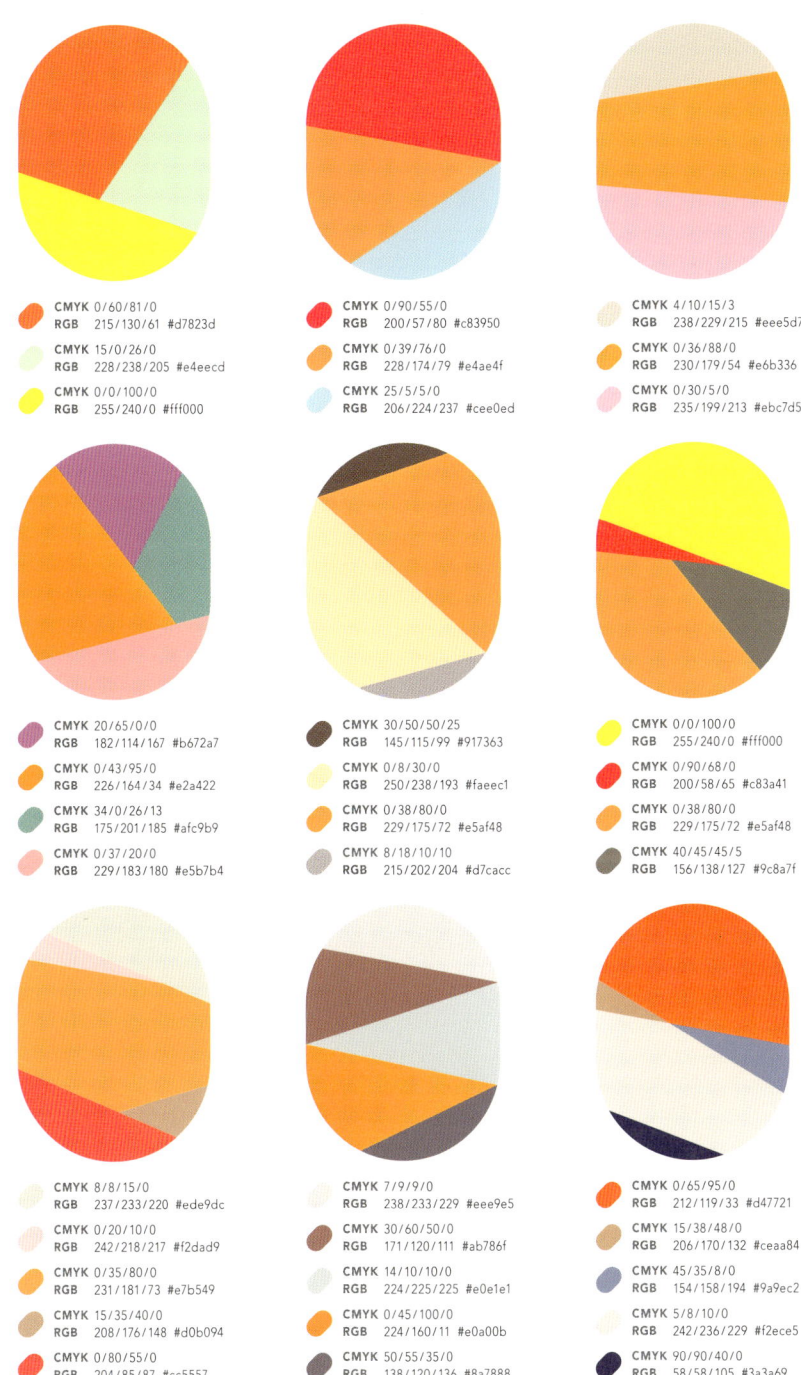

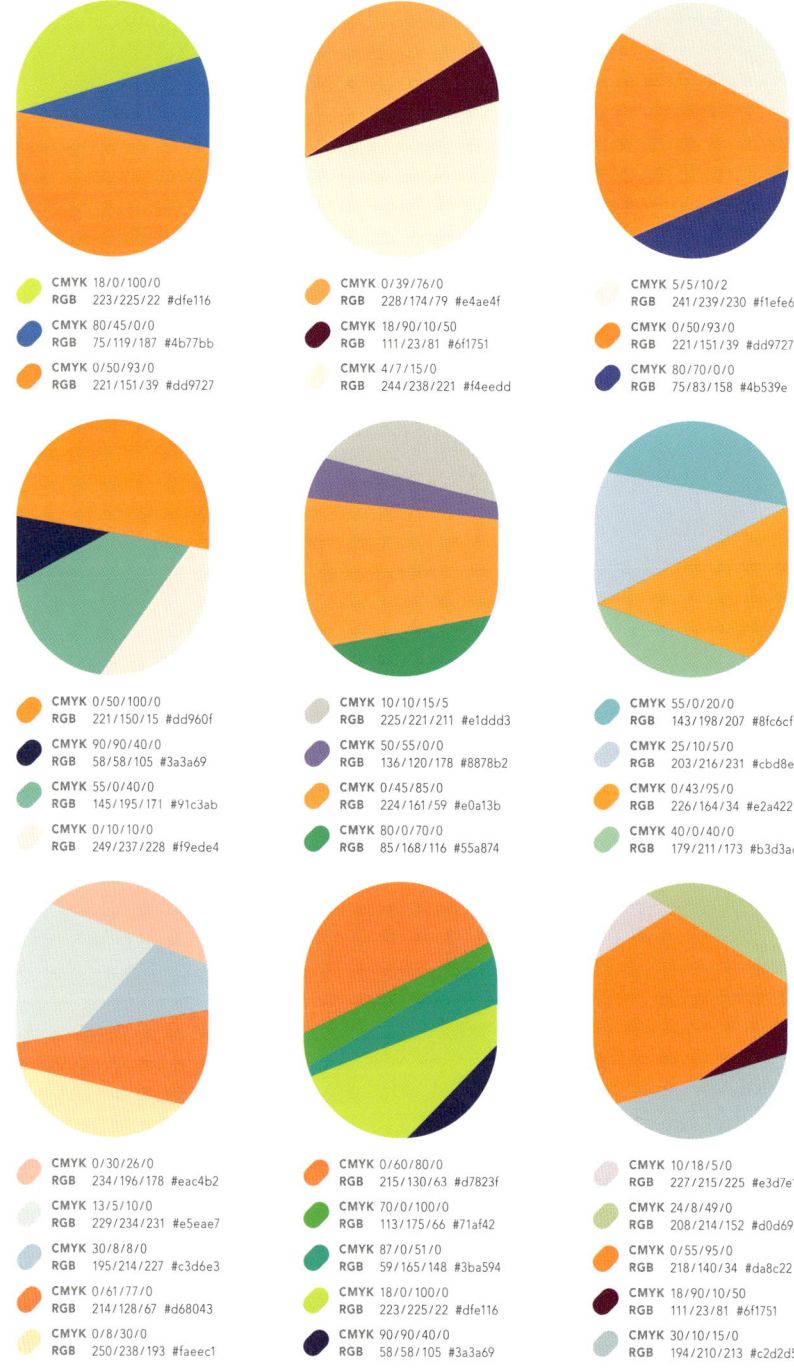

orange

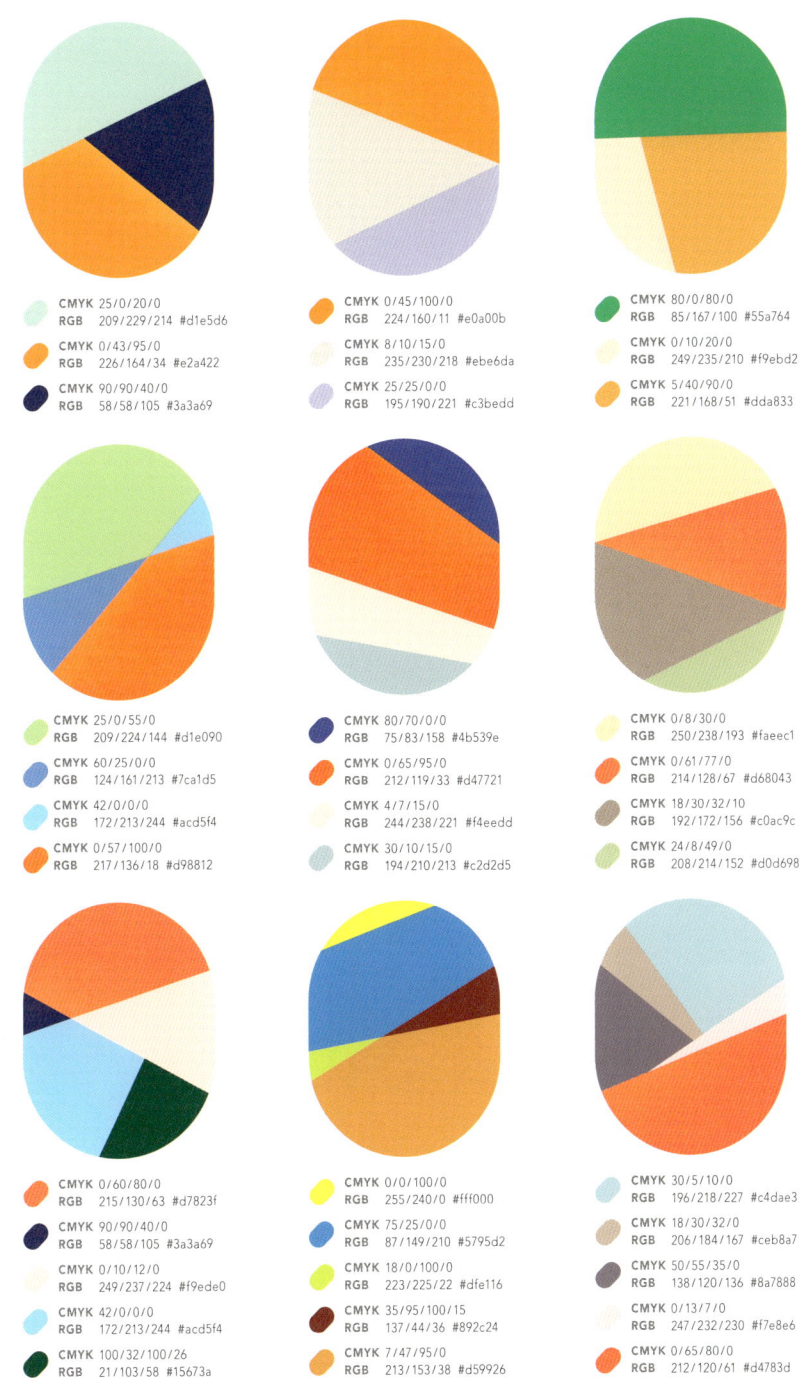

CMYK 25/0/20/0
RGB 209/229/214 #d1e5d6

CMYK 0/43/95/0
RGB 226/164/34 #e2a422

CMYK 90/90/40/0
RGB 58/58/105 #3a3a69

CMYK 0/45/100/0
RGB 224/160/11 #e0a00b

CMYK 8/10/15/0
RGB 235/230/218 #ebe6da

CMYK 25/25/0/0
RGB 195/190/221 #c3bedd

CMYK 80/0/80/0
RGB 85/167/100 #55a764

CMYK 0/10/20/0
RGB 249/235/210 #f9ebd2

CMYK 5/40/90/0
RGB 221/168/51 #dda833

CMYK 25/0/55/0
RGB 209/224/144 #d1e090

CMYK 60/25/0/0
RGB 124/161/213 #7ca1d5

CMYK 42/0/0/0
RGB 172/213/244 #acd5f4

CMYK 0/57/100/0
RGB 217/136/18 #d98812

CMYK 80/70/0/0
RGB 75/83/158 #4b539e

CMYK 0/65/95/0
RGB 212/119/33 #d47721

CMYK 4/7/15/0
RGB 244/238/221 #f4eedd

CMYK 30/10/15/0
RGB 194/210/213 #c2d2d5

CMYK 0/8/30/0
RGB 250/238/193 #faeec1

CMYK 0/61/77/0
RGB 214/128/67 #d68043

CMYK 18/30/32/10
RGB 192/172/156 #c0ac9c

CMYK 24/8/49/0
RGB 208/214/152 #d0d698

CMYK 0/60/80/0
RGB 215/130/63 #d7823f

CMYK 90/90/40/0
RGB 58/58/105 #3a3a69

CMYK 0/10/12/0
RGB 249/237/224 #f9ede0

CMYK 42/0/0/0
RGB 172/213/244 #acd5f4

CMYK 100/32/100/26
RGB 21/103/58 #15673a

CMYK 0/0/100/0
RGB 255/240/0 #fff000

CMYK 75/25/0/0
RGB 87/149/210 #5795d2

CMYK 18/0/100/0
RGB 223/225/22 #dfe116

CMYK 35/95/100/15
RGB 137/44/36 #892c24

CMYK 7/47/95/0
RGB 213/153/38 #d59926

CMYK 30/5/10/0
RGB 196/218/227 #c4dae3

CMYK 18/30/32/0
RGB 206/184/167 #ceb8a7

CMYK 50/55/35/0
RGB 138/120/136 #8a7888

CMYK 0/13/7/0
RGB 247/232/230 #f7e8e6

CMYK 0/65/80/0
RGB 212/120/61 #d4783d

CMYK
100 / 51 / 71 / 11
RGB
19 / 100 / 91
#13645b

CMYK
2 / 10 / 84 / 0
RGB
255 / 233 / 62
#ffe93e

CMYK
95 / 73 / 0 / 0
RGB
0 / 66 / 202
#0042ca

CMYK
84 / 0 / 17 / 0
RGB
1 / 203 / 243
#01cbf3

CMYK
95 / 27 / 25 / 0
RGB
0 / 143 / 183
#008fb7

yellow

黄色

イエローをより鮮やかに見せてくれるブルーと組み合わせると、たがいの色を引き立たせることができ、効果的です。色相が近いオレンジやグリーンともよく調和します。ピンクやライトブルーなど、明度が高い淡い色と組み合わせると、フレッシュでさわやかな印象になります。明度が低いグレーやブラウンとも調和するオールマイティな色です。

CMYK 89/0/100/0
RGB 1/208/67
#01d043

CMYK 4/6/68/0
RGB 254/240/110
#fef06e

CMYK 0/52/64/0
RGB 255/158/85
#ff9e55

CMYK 0/82/53/0
RGB 251/75/85
#fb4b55

CMYK 0/77/5/0
RGB 239/92/160
#ef5ca0

CMYK 70/65/50/85
RGB 12/18/29
#0c121d

CMYK 100/79/57/25
RGB 4/60/83
#043c53

CMYK 96/31/32/0
RGB 4/137/169
#0489a9

CMYK 5/2/92/0
RGB 255/242/9
#fff209

CMYK 0/0/4/0
RGB 255/255/248
#fffff8

yellow

CMYK	CMYK	CMYK	CMYK	CMYK
14/97/49/0	0/72/0/0	2/27/0/0	7/0/52/0	0/37/92/0
RGB	RGB	RGB	RGB	RGB
193/18/87	253/100/187	254/206/252	255/255/150	240/182/30
#c11257	#fd64bb	#fecefc	#ffff96	#f0b61e

 CMYK 87/62/100/45
RGB 41/65/3
#294103

 CMYK 68/23/100/0
RGB 116/157/37
#749d25

 CMYK 3/9/93/0
RGB 255/233/0
#ffe900

CMYK 6/4/3/0
RGB 243/244/246
#f3f4f6

 CMYK 40/37/37/0
RGB 165/158/152
#a59e98

161

CMYK
79 / 67 / 100 / 52
RGB
50 / 55 / 32
#323720

CMYK
81 / 43 / 90 / 4
RGB
81 / 120 / 73
#517849

CMYK
0 / 18 / 69 / 0
RGB
252 / 220 / 101
#fcdc65

CMYK
0 / 42 / 79 / 0
RGB
244 / 174 / 63
#f4ae3f

CMYK
24 / 77 / 100 / 0
RGB
181 / 89 / 14
#b5590e

yellow

CMYK 80/72/61/68
RGB 28/34/42
#1c222a

CMYK 64/60/62/8
RGB 106/101/93
#6a655d

CMYK 16/12/11/0
RGB 220/220/220
#dcdcdc

CMYK 0/40/92/0
RGB 237/176/33
#edb021

CMYK 50/68/100/12
RGB 130/91/0
#825b00

CMYK 14/50/100/0
RGB 209/148/2
#d19402

CMYK 0/16/87/0
RGB 255/223/48
#ffdf30

CMYK 0/12/43/0
RGB 255/234/164
#ffeaa4

CMYK 63/21/100/0
RGB 128/163/0
#80a300

CMYK 85/63/100/46
RGB 45/63/1
#2d3f01

CMYK 31/56/64/0
RGB 176/129/96
#b08160

CMYK 13/43/59/0
RGB 213/165/112
#d5a570

CMYK 3/25/59/0
RGB 241/205/121
#f1cd79

CMYK 24/5/0/0
RGB 211/230/253
#d3e6fd

CMYK 82/72/55/78
RGB 15/20/36
#0f1424

163

CMYK 17/13/61/0
RGB 224/217/126
#e0d97e

CMYK 22/47/100/0
RGB 198/150/3
#c69603

CMYK 41/69/87/3
RGB 151/99/59
#97633b

CMYK 49/93/100/24
RGB 114/42/3
#722a03

CMYK 70/70/70/85
RGB 28/15/7
#1c0f07

CMYK 85/65/60/75
RGB 4/33/39
#042127

CMYK 79/68/62/85
RGB 1/2/4
#010204

CMYK 36/78/100/2
RGB 161/83/1
#a15301

CMYK 4/38/97/0
RGB 232/176/0
#e8b000

CMYK 6/13/91/0
RGB 247/224/40
#f7e028

yellow

CMYK
19 / 34 / 86 / 0
RGB
210 / 177 / 63
#d2b13f

CMYK
33 / 37 / 70 / 0
RGB
182 / 162 / 96
#b6a260

CMYK
26 / 25 / 35 / 0
RGB
197 / 189 / 166
#c5bda6

CMYK
40 / 35 / 36 / 0
RGB
165 / 161 / 155
#a5a19b

CMYK
70 / 64 / 65 / 18
RGB
89 / 86 / 82
#595652

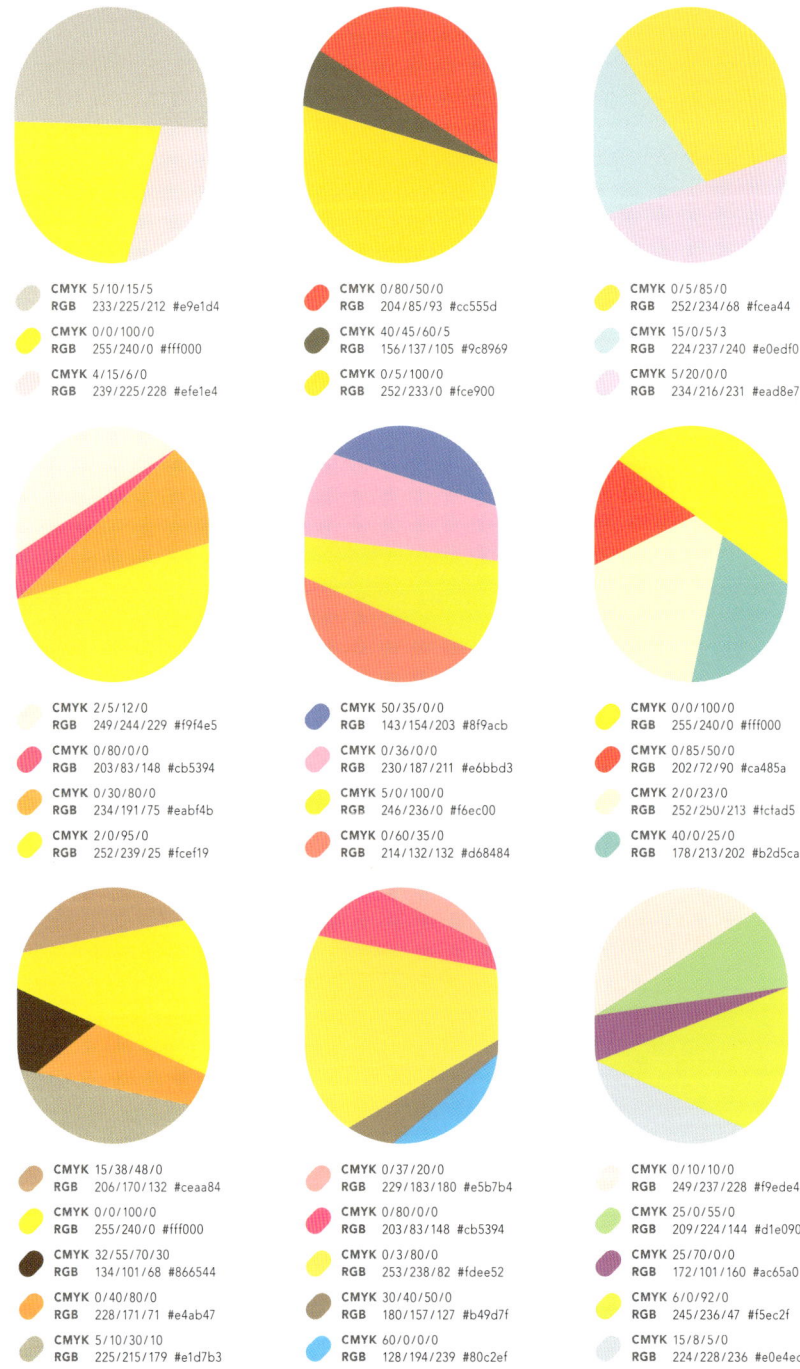

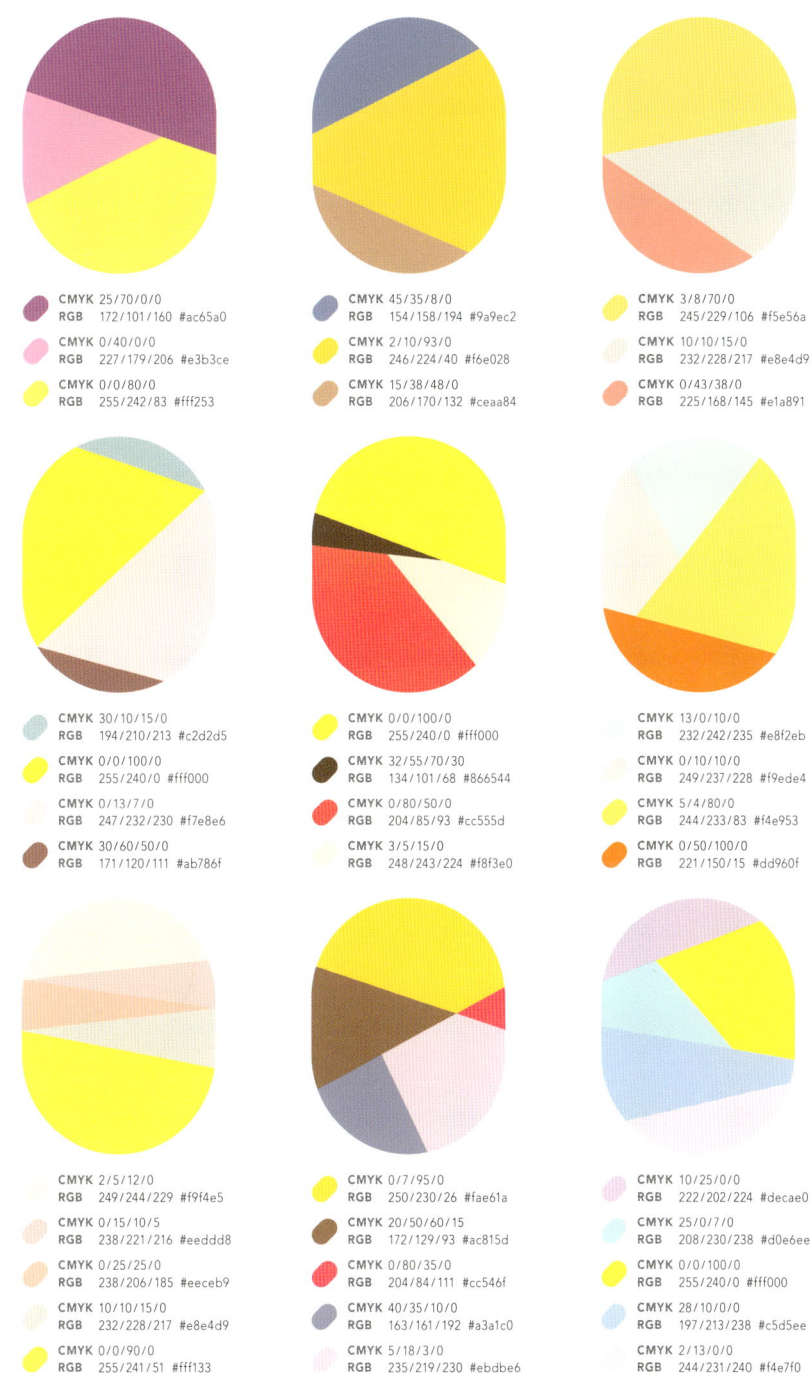

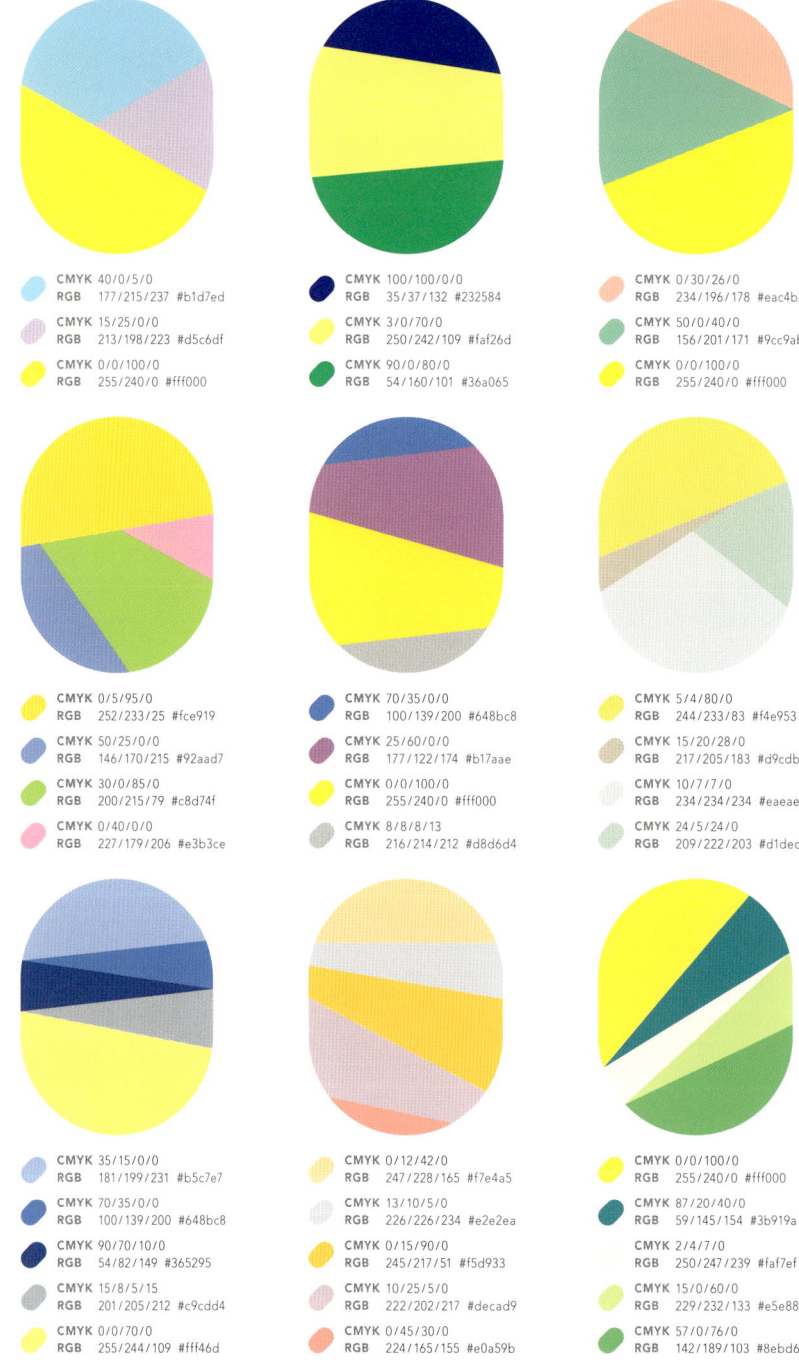

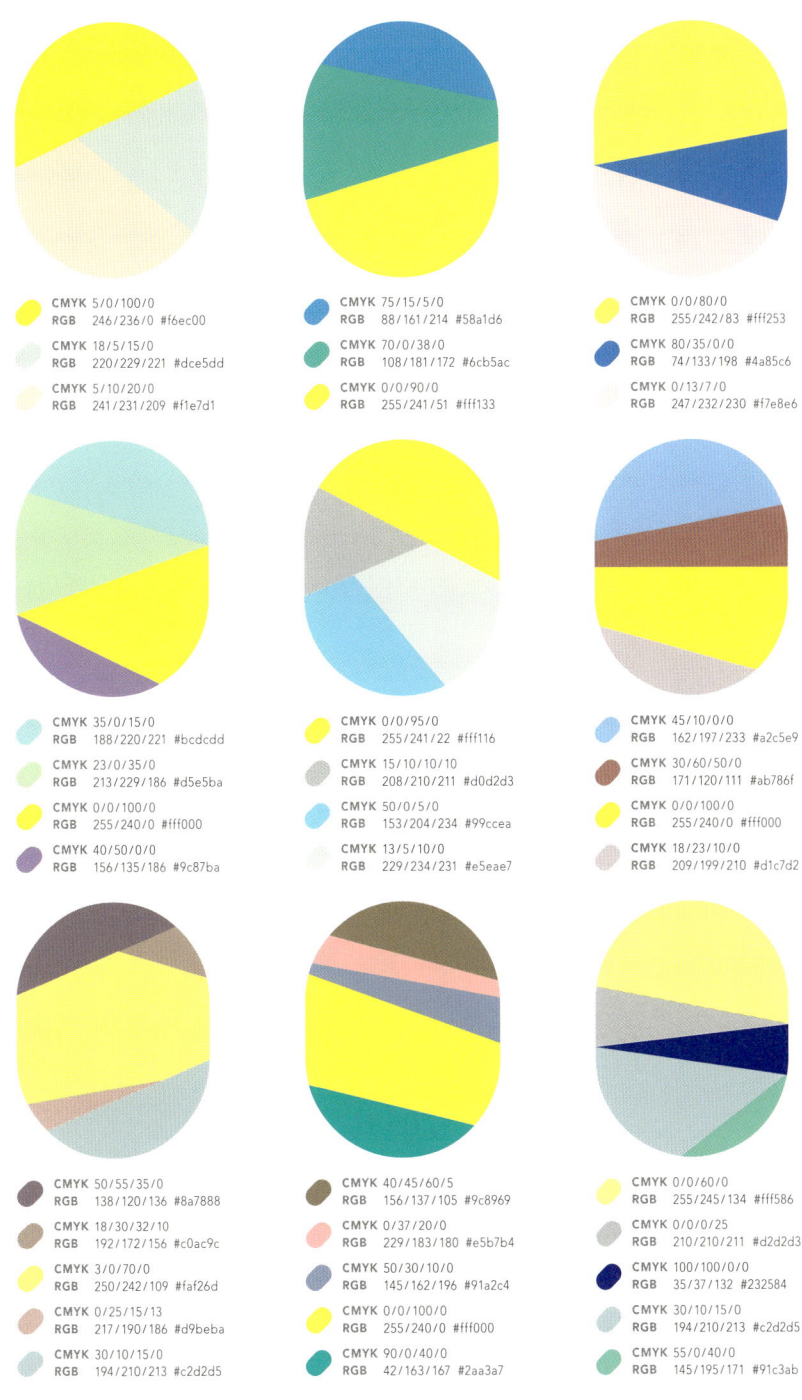

CMYK	CMYK	CMYK	CMYK	CMYK
82 / 50 / 100 / 15	48 / 0 / 72 / 0	22 / 4 / 22 / 0	14 / 2 / 6 / 0	51 / 27 / 28 / 0
RGB	RGB	RGB	RGB	RGB
71 / 102 / 34	168 / 208 / 111	215 / 229 / 210	230 / 240 / 242	148 / 168 / 175
#476622	#a8d06f	#d7e5d2	#e6f0f2	#94a8af

green

緑

グリーンの繊細な色合いは、人を元気づけます。この配色をベッドルームやキッチンで使うと、活力を得ることができるでしょう。色相が近いイエローやブルーと合わせやすく、明るくさわやかな印象になります。彩度を落としたダークグリーンは、落ち着きや威厳が感じられ、格調高いインテリアやファッションなどにも用いられます。

CMYK 22/13/86/0
RGB 218/211/67
#dad343

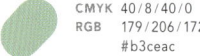
CMYK 40/8/40/0
RGB 179/206/172
#b3ceac

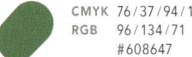
CMYK 76/37/94/1
RGB 96/134/71
#608647

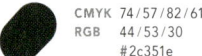
CMYK 74/57/82/61
RGB 44/53/30
#2c351e

CMYK 63/68/77/67
RGB 53/41/27
#35291b

CMYK 48/82/100/16
RGB 125/68/32
#7d4420

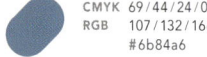
CMYK 69/44/24/0
RGB 107/132/166
#6b84a6

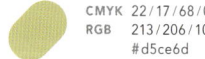
CMYK 22/17/68/0
RGB 213/206/109
#d5ce6d

CMYK 65/29/100/0
RGB 122/151/0
#7a9700

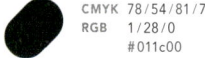
CMYK 78/54/81/79
RGB 1/28/0
#011c00

green

CMYK	CMYK	CMYK	CMYK	CMYK
92/46/100/11	60/0/89/0	39/0/53/0	57/74/63/14	54/78/76/73
RGB	RGB	RGB	RGB	RGB
48/108/8	142/195/79	195/255/159	112/80/81	51/27/23
#306c08	#8ec34f	#c3ff9f	#705051	#331b17

 CMYK 76/51/83/81
RGB 3/28/6
#031c06

 CMYK 85/50/90/62
RGB 4/59/5
#043b05

 CMYK 97/37/100/2
RGB 32/123/37
#207b25

 CMYK 71/0/93/0
RGB 113/204/73
#71cc49

 CMYK 55/0/69/0
RGB 153/213/120
#99d578

CMYK
35 / 34 / 28 / 0
RGB
174 / 166 / 168
#aea6a8

CMYK
12 / 11 / 15 / 0
RGB
229 / 225 / 216
#e5e1d8

CMYK
27 / 2 / 52 / 0
RGB
211 / 228 / 153
#d3e499

CMYK
54 / 36 / 93 / 0
RGB
142 / 148 / 64
#8e9440

CMYK
66 / 66 / 78 / 26
RGB
90 / 80 / 62
#5a503e

green

CMYK 84/54/100/24
RGB 63/90/0
#3f5a00

CMYK 66/39/100/1
RGB 117/136/51
#758833

CMYK 39/17/61/0
RGB 179/191/125
#b3bf7d

CMYK 19/15/17/0
RGB 214/213/208
#d6d5d0

CMYK 4/3/4/0
RGB 248/248/245
#f8f8f5

CMYK 84/60/71/24
RGB 61/83/75
#3d534b

CMYK 66/29/66/0
RGB 119/152/111
#77986f

CMYK 39/15/33/0
RGB 177/195/178
#b1c3b2

CMYK 1/22/21/0
RGB 241/213/197
#f1d5c5

CMYK 14/41/58/0
RGB 212/167/14
#d4a772

CMYK 96/65/55/14
RGB 39/83/98
#275362

CMYK 88/41/73/2
RGB 64/122/97
#407a61

CMYK 43/16/53/0
RGB 171/189/140
#abbd8c

CMYK 7/13/12/0
RGB 236/226/221
#ece2dd

CMYK 2/8/2/0
RGB 248/241/244
#f8f1f4

CMYK 79/63/65/72
RGB 27/39/38
#1b2726

CMYK 84/61/73/26
RGB 60/81/72
#3c5148

CMYK 71/33/88/0
RGB 107/142/78
#6b8e4e

CMYK 39/14/33/0
RGB 178/197/179
#b2c5b3

CMYK 21/9/13/0
RGB 213/221/222
#d5ddde

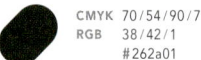

CMYK 70/54/90/72
RGB 38/42/1
#262a01

CMYK 71/43/100/3
RGB 103/125/44
#677d2c

CMYK 54/26/93/0
RGB 146/164/65
#92a441

CMYK 69/64/36/0
RGB 102/99/130
#666382

CMYK 79/72/62/80
RGB 25/24/31
#19181f

green

CMYK
68/47/45/0
RGB
107/125/131
#6b7d83

CMYK
35/15/14/0
RGB
185/201/212
#b9c9d4

CMYK
28/4/6/0
RGB
204/226/240
#cce2f0

CMYK
47/19/42/0
RGB
159/181/157
#9fb59d

CMYK
79/50/73/9
RGB
81/109/87
#516d57

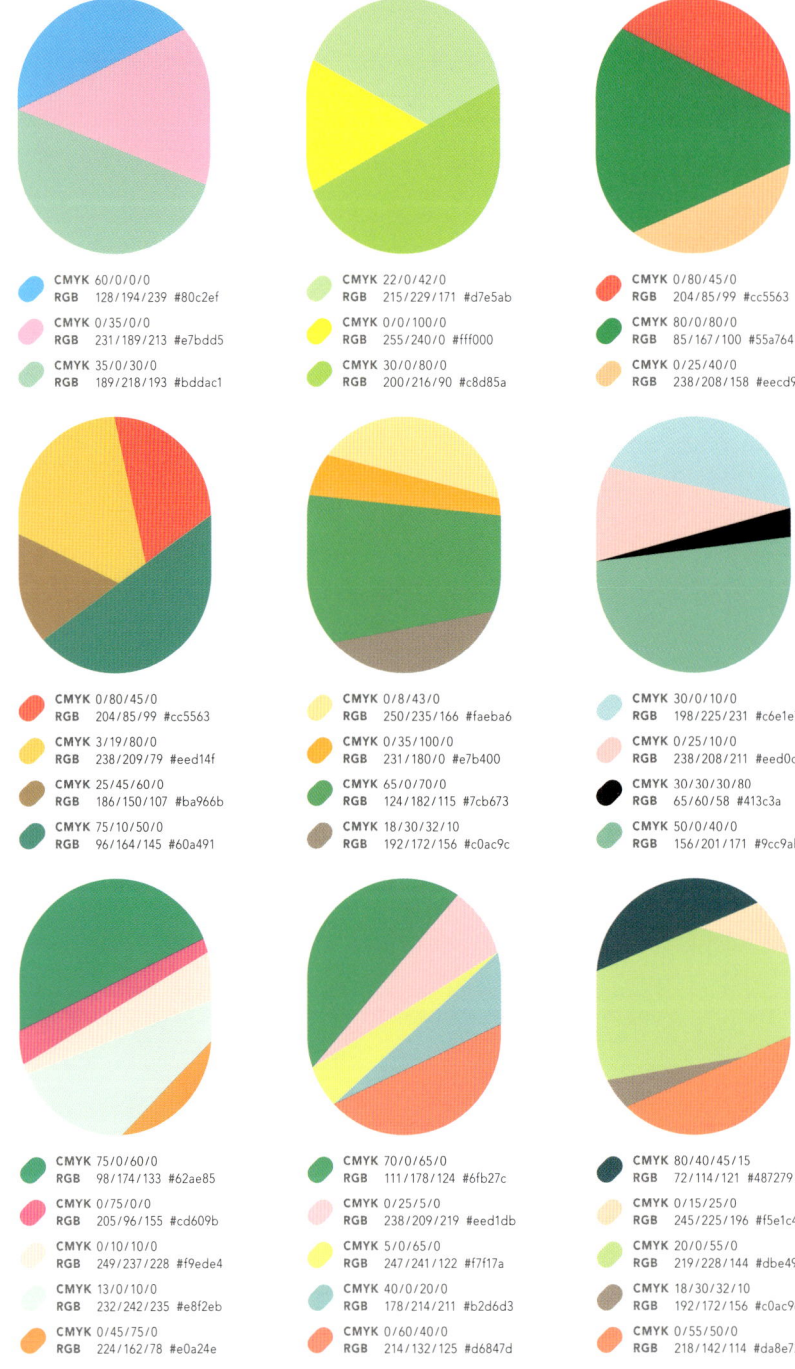

green

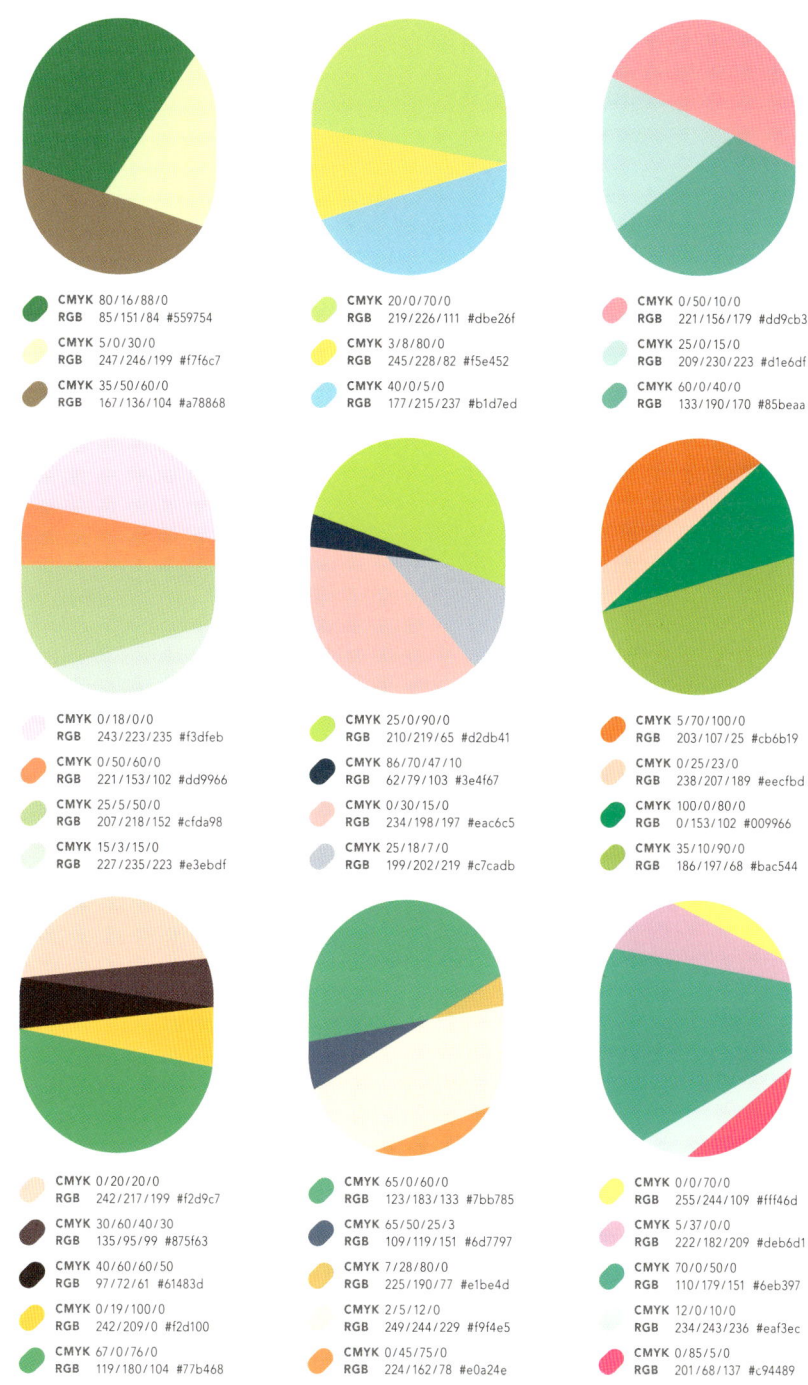

CMYK 80/16/88/0
RGB 85/151/84 #559754

CMYK 5/0/30/0
RGB 247/246/199 #f7f6c7

CMYK 35/50/60/0
RGB 167/136/104 #a78868

CMYK 20/0/70/0
RGB 219/226/111 #dbe26f

CMYK 3/8/80/0
RGB 245/228/82 #f5e452

CMYK 40/0/5/0
RGB 177/215/237 #b1d7ed

CMYK 0/50/10/0
RGB 221/156/179 #dd9cb3

CMYK 25/0/15/0
RGB 209/230/223 #d1e6df

CMYK 60/0/40/0
RGB 133/190/170 #85beaa

CMYK 0/18/0/0
RGB 243/223/235 #f3dfeb

CMYK 0/50/60/0
RGB 221/153/102 #dd9966

CMYK 25/5/50/0
RGB 207/218/152 #cfda98

CMYK 15/3/15/0
RGB 227/235/223 #e3ebdf

CMYK 25/0/90/0
RGB 210/219/65 #d2db41

CMYK 86/70/47/10
RGB 62/79/103 #3e4f67

CMYK 0/30/15/0
RGB 234/198/197 #eac6c5

CMYK 25/18/7/0
RGB 199/202/219 #c7cadb

CMYK 5/70/100/0
RGB 203/107/25 #cb6b19

CMYK 0/25/23/0
RGB 238/207/189 #eecfbd

CMYK 100/0/80/0
RGB 0/153/102 #009966

CMYK 35/10/90/0
RGB 186/197/68 #bac544

CMYK 0/20/20/0
RGB 242/217/199 #f2d9c7

CMYK 30/60/40/30
RGB 135/95/99 #875f63

CMYK 40/60/60/50
RGB 97/72/61 #61483d

CMYK 0/19/100/0
RGB 242/209/0 #f2d100

CMYK 67/0/76/0
RGB 119/180/104 #77b468

CMYK 65/0/60/0
RGB 123/183/133 #7bb785

CMYK 65/50/25/3
RGB 109/119/151 #6d7797

CMYK 7/28/80/0
RGB 225/190/77 #e1be4d

CMYK 2/5/12/0
RGB 249/244/229 #f9f4e5

CMYK 0/45/75/0
RGB 224/162/78 #e0a24e

CMYK 0/0/70/0
RGB 255/244/109 #fff46d

CMYK 5/37/0/0
RGB 222/182/209 #deb6d1

CMYK 70/0/50/0
RGB 110/179/151 #6eb397

CMYK 12/0/10/0
RGB 234/243/236 #eaf3ec

CMYK 0/85/5/0
RGB 201/68/137 #c94489

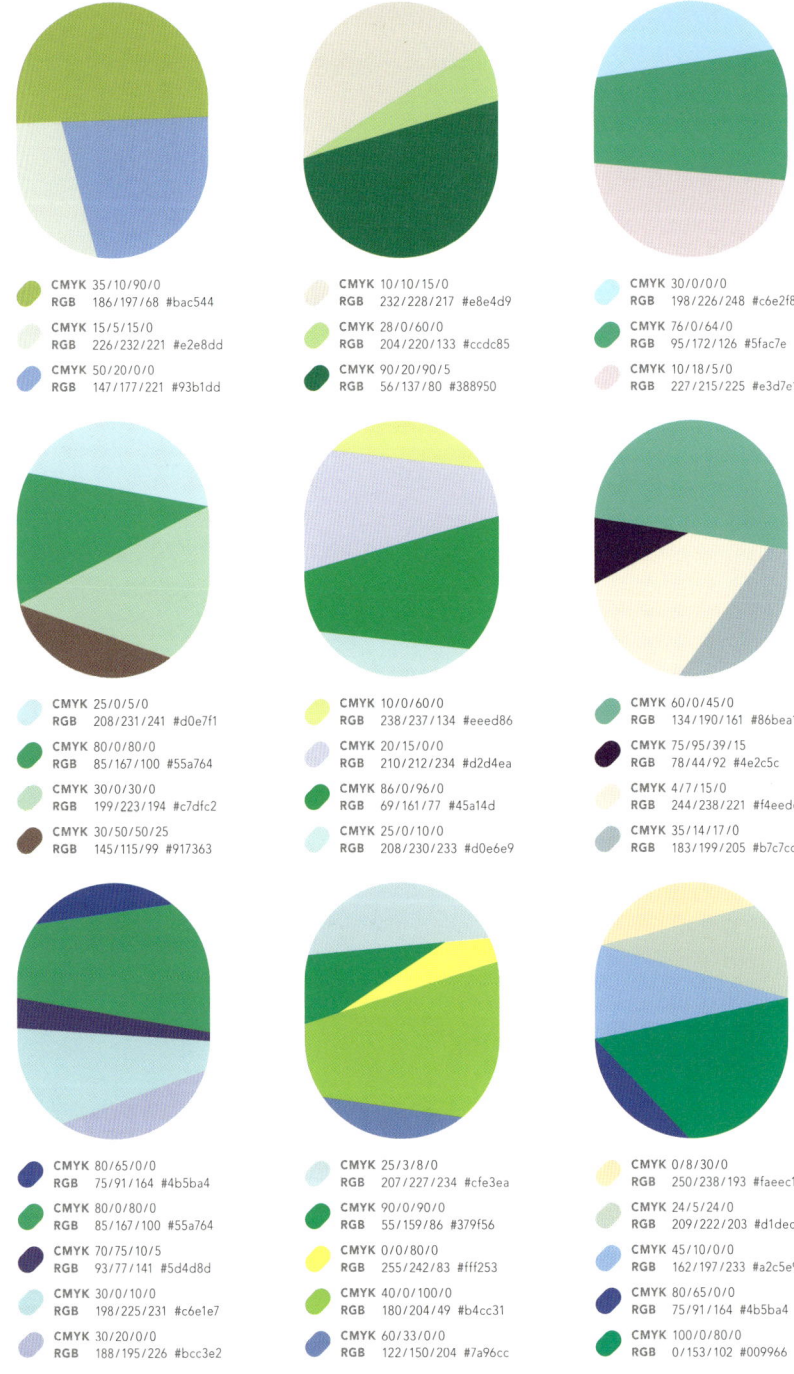

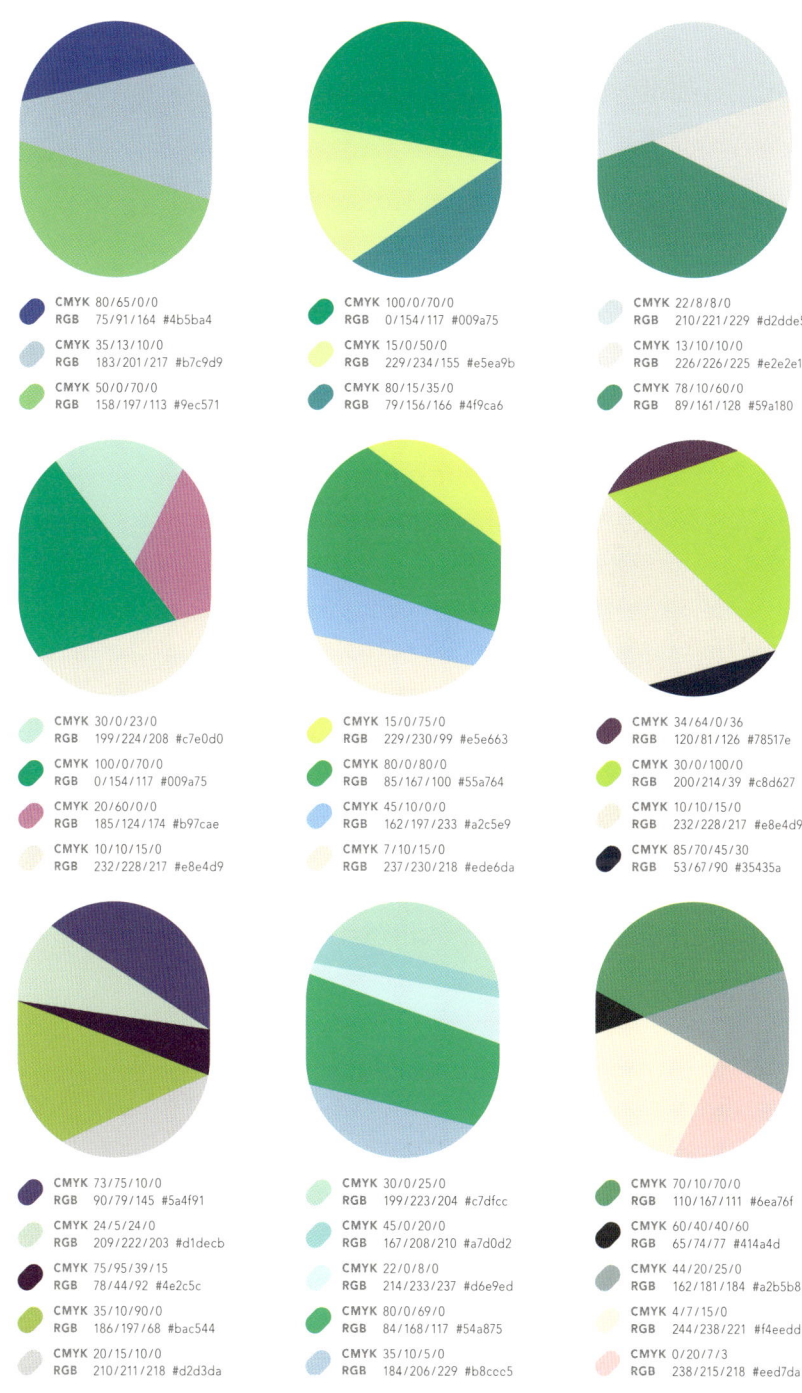

CMYK
67 / 12 / 28 / 0
RGB
117 / 180 / 192
#75b4c0

CMYK
87 / 33 / 100 / 0
RGB
67 / 134 / 68
#438644

CMYK
59 / 4 / 47 / 0
RGB
139 / 194 / 161
#8bc2a1

CMYK
8 / 11 / 7 / 0
RGB
235 / 229 / 230
#ebe5e6

CMYK
0 / 34 / 23 / 0
RGB
240 / 192 / 181
#f0c0b5

light blue

水色

彩度が高いライトブルーは、明るくさわやかな印象で、寒色のブルーやグリーンとよく調和します。彩度が低いグレイッシュなライトブルーはスタイリッシュで落ち着いた印象で、異なる色相のグレイッシュトーンの色と組み合わせることができます。彩度と面積をうまくコントロールするのがライトブルーの配色のコツです。

CMYK 80 / 20 / 11 / 0
RGB 76 / 162 / 215
#4ca2d7

CMYK 84 / 27 / 35 / 0
RGB 71 / 148 / 167
#4794a7

CMYK 65 / 38 / 100 / 0
RGB 119 / 137 / 16
#778910

CMYK 37 / 44 / 49 / 0
RGB 168 / 147 / 126
#a8937e

CMYK 4 / 16 / 25 / 0
RGB 241 / 224 / 197
#f1e0c5

CMYK 52 / 96 / 100 / 35
RGB 98 / 34 / 27
#62221b

CMYK 10 / 82 / 100 / 0
RGB 201 / 79 / 19
#c94f13

CMYK 0 / 48 / 70 / 0
RGB 254 / 166 / 76
#fea64c

CMYK 0 / 28 / 45 / 0
RGB 254 / 207 / 145
#fecf91

CMYK 34 / 0 / 14 / 0
RGB 196 / 236 / 235
#c4eceb

light blue

CMYK 0/73/31/0
RGB 224/106/130
#e06a82

CMYK 12/46/20/0
RGB 212/161/173
#d4a1ad

CMYK 13/10/10/0
RGB 227/227/226
#e3e3e2

CMYK 4/3/4/0
RGB 247/247/245
#f7f7f5

CMYK 46/10/20/0
RGB 166/200/207
#a6c8cf

 CMYK 100/100/58/14
RGB 17/19/94
#11135e

 CMYK 94/93/48/18
RGB 45/49/87
#2d3157

 CMYK 85/0/41/0
RGB 52/193/187
#34c1bb

 CMYK 38/1/27/0
RGB 186/220/204
#badccc

 CMYK 0/20/77/0
RGB 255/218/77
#ffda4d

CMYK
43 / 55 / 70 / 0
RGB
154 / 125 / 88
#9a7d58

CMYK
15 / 19 / 22 / 0
RGB
219 / 208 / 195
#dbd0c3

CMYK
6 / 6 / 8 / 0
RGB
242 / 240 / 235
#f2f0eb

CMYK
54 / 12 / 23 / 0
RGB
147 / 191 / 202
#93bfca

CMYK
69 / 19 / 24 / 0
RGB
110 / 169 / 193
#6ea9c1

light blue

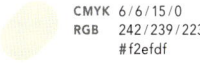
CMYK 6/6/15/0
RGB 242/239/223
#f2efdf

CMYK 58/0/19/0
RGB 142/210/223
#8ed2df

CMYK 0/96/80/0
RGB 218/0/43
#da002b

CMYK 43/100/100/11
RGB 136/1/29
#88011d

CMYK 57/91/97/47
RGB 79/35/28
#4f231c

CMYK 5/30/0/0
RGB 242/198/242
#f2c6f2

CMYK 2/8/4/0
RGB 248/240/240
#f8f0f0

CMYK 44/8/0/0
RGB 166/209/255
#a6d1ff

CMYK 84/38/0/0
RGB 57/136/225
#3988e1

CMYK 83/34/100/1
RGB 76/134/0
#4c8600

CMYK 97/38/36/0
RGB 15/126/155
#0f7e9b

CMYK 55/0/12/0
RGB 146/215/239
#92d7ef

CMYK 50/0/24/0
RGB 162/234/224
#a2eae0

CMYK 12/12/12/0
RGB 228/224/220
#e4e0dc

CMYK 0/46/13/0
RGB 249/172/187
#f9acbb

CMYK 45/90/80/60
RGB 78/23/6
#4e1706

CMYK 18/61/78/0
RGB 196/124/70
#c47c46

CMYK 42/20/24/0
RGB 168/186/190
#a8babe

CMYK 15/10/9/0
RGB 223/225/227
#dfe1e3

CMYK 3/5/4/0
RGB 248/244/243
#f8f4f3

CMYK 89/15/52/0
RGB 53/157/147
#359d93

CMYK 1/34/64/0
RGB 238/189/107
#eebd6b

CMYK 36/0/11/0
RGB 191/230/239
#bfe6ef

CMYK 85/48/34/0
RGB 68/118/149
#447695

CMYK 70/70/20/85
RGB 4/8/46
#04082e

light blue

CMYK
82/49/100/13
RGB
74/105/27
#4a691b

CMYK
0/91/30/0
RGB
227/39/112
#e32770

CMYK
60/11/36/0
RGB
134/184/176
#86b8b0

CMYK
12/22/22/0
RGB
223/206/194
#dfccc2

CMYK
56/59/58/3
RGB
126/110/102
#7e6e66

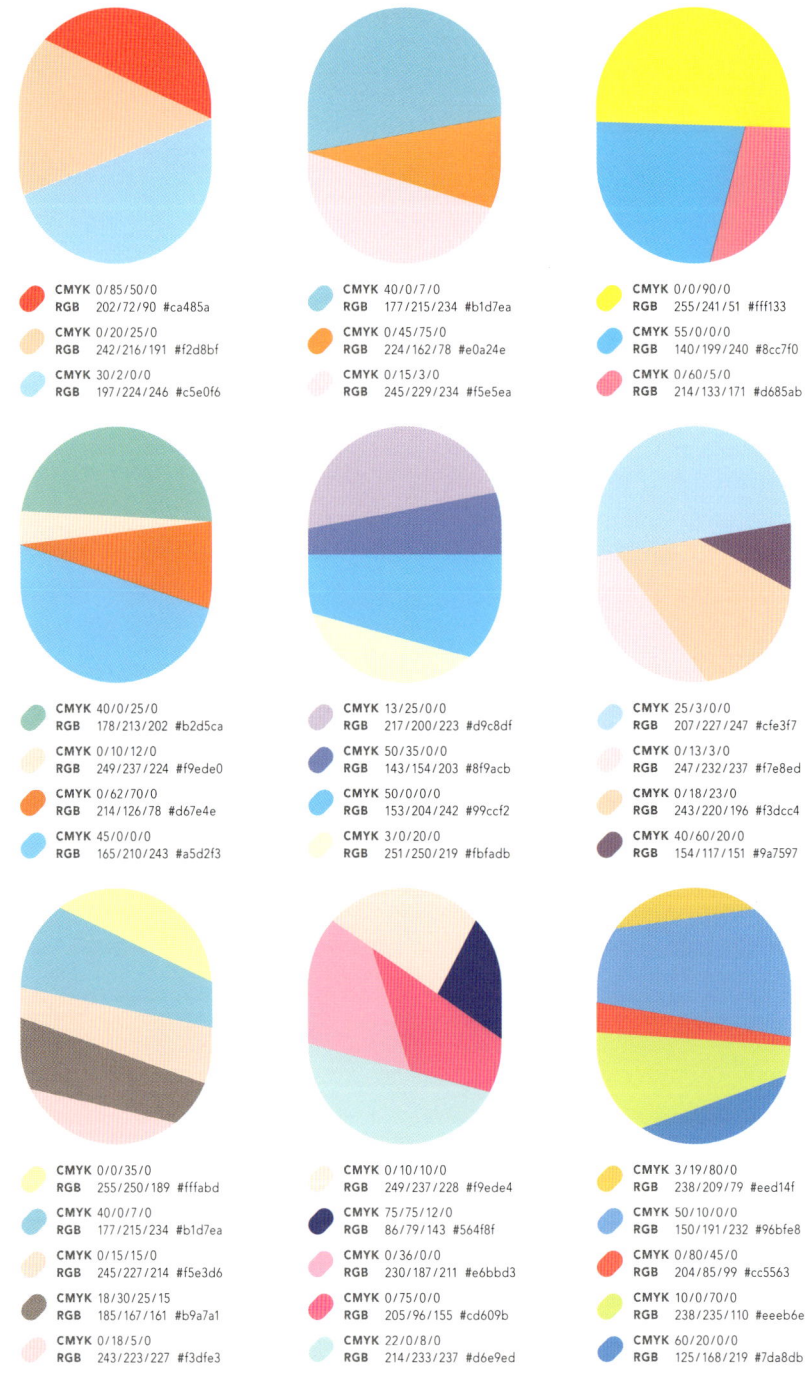

light blue

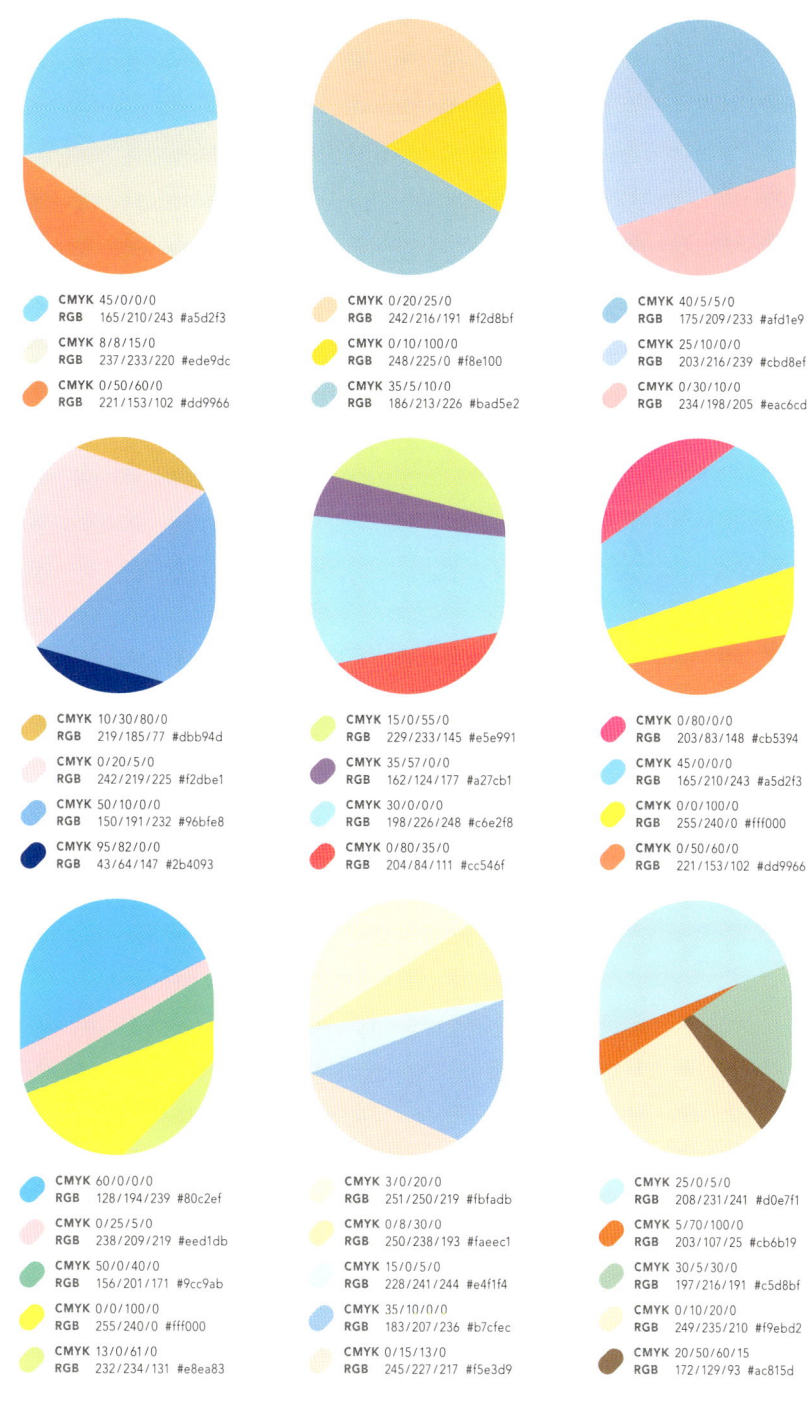

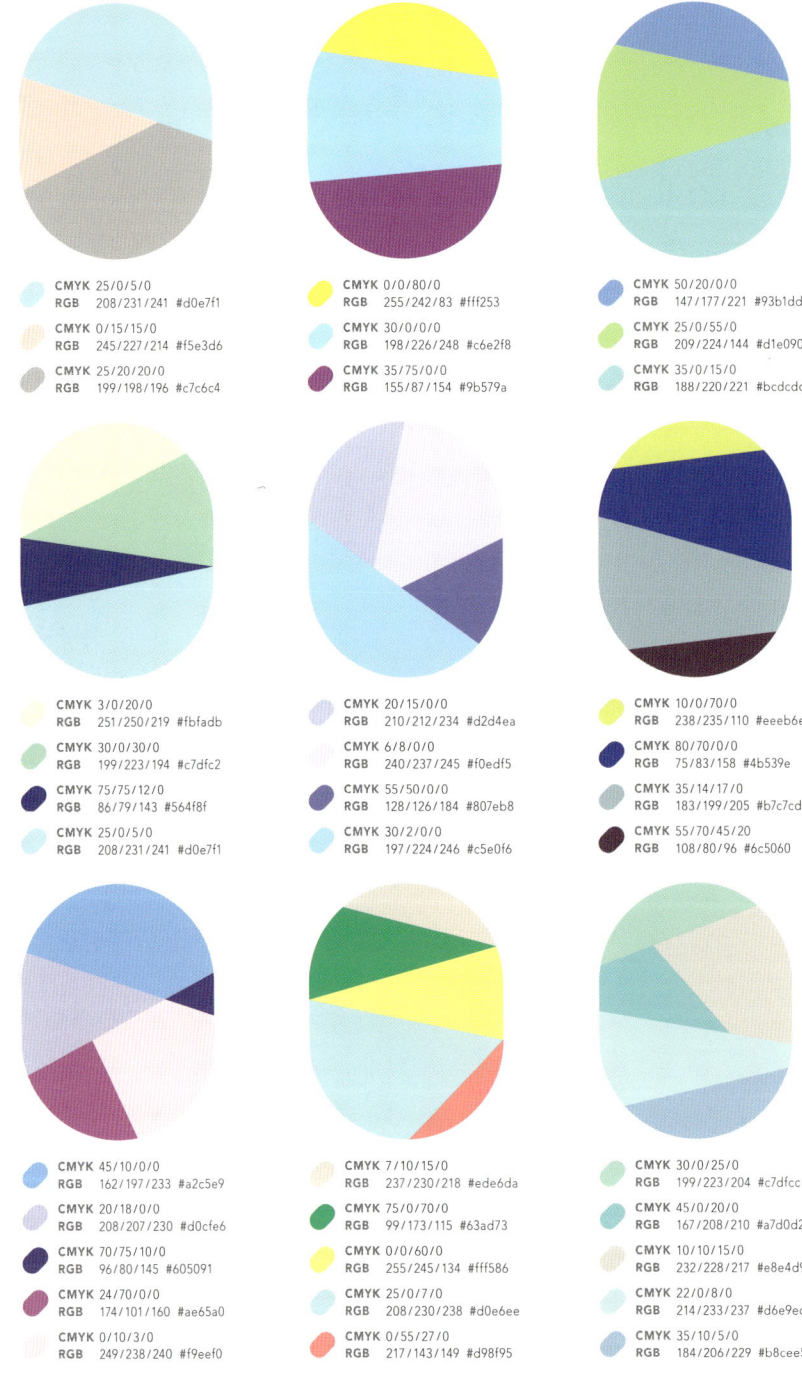

light blue

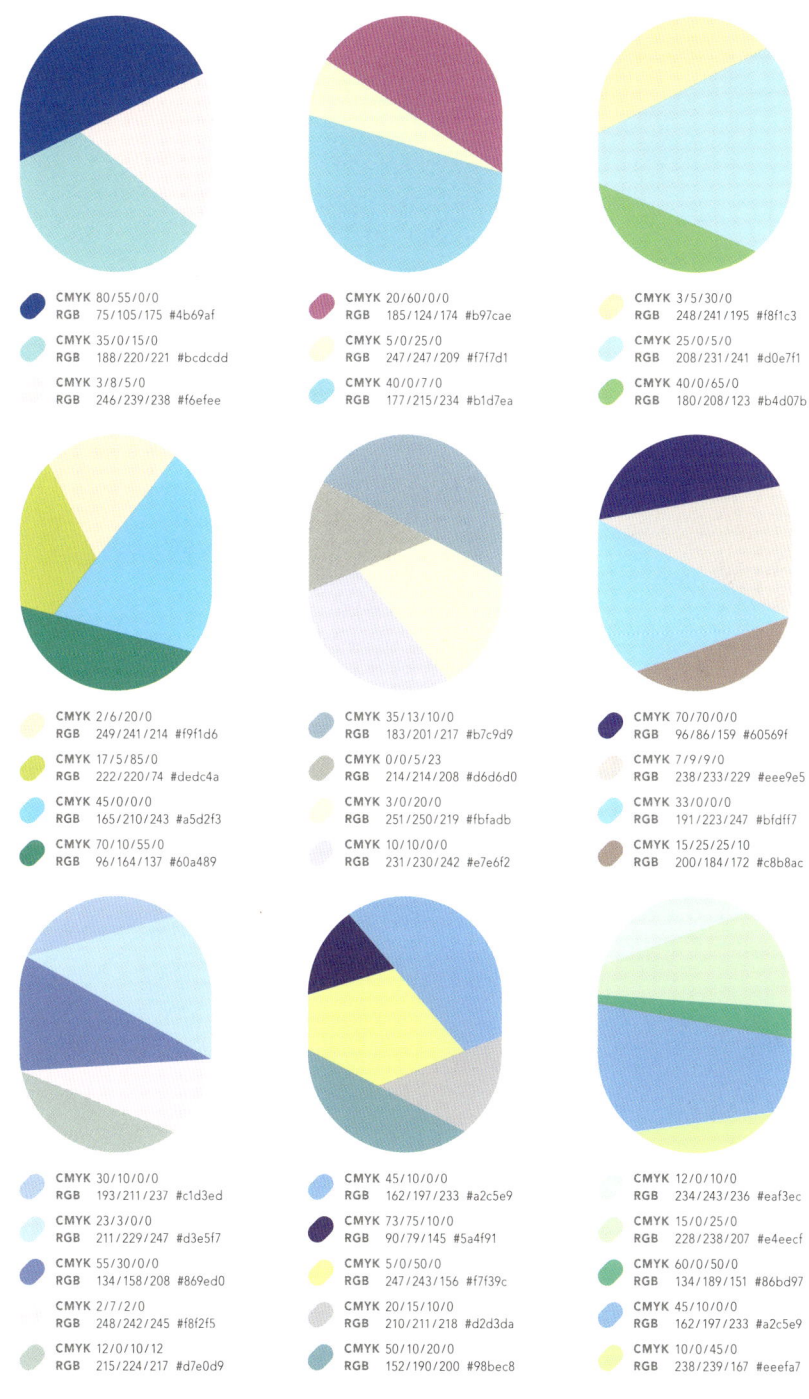

CMYK 80/55/0/0
RGB 75/105/175 #4b69af
CMYK 35/0/15/0
RGB 188/220/221 #bcdcdd
CMYK 3/8/5/0
RGB 246/239/238 #f6efee

CMYK 20/60/0/0
RGB 185/124/174 #b97cae
CMYK 5/0/25/0
RGB 247/247/209 #f7f7d1
CMYK 40/0/7/0
RGB 177/215/234 #b1d7ea

CMYK 3/5/30/0
RGB 248/241/195 #f8f1c3
CMYK 25/0/5/0
RGB 208/231/241 #d0e7f1
CMYK 40/0/65/0
RGB 180/208/123 #b4d07b

CMYK 2/6/20/0
RGB 249/241/214 #f9f1d6
CMYK 17/5/85/0
RGB 222/220/74 #dedc4a
CMYK 45/0/0/0
RGB 165/210/243 #a5d2f3
CMYK 70/10/55/0
RGB 96/164/137 #60a489

CMYK 35/13/10/0
RGB 183/201/217 #b7c9d9
CMYK 0/0/5/23
RGB 214/214/208 #d6d6d0
CMYK 3/0/20/0
RGB 251/250/219 #fbfadb
CMYK 10/10/0/0
RGB 231/230/242 #e7e6f2

CMYK 70/70/0/0
RGB 96/86/159 #60569f
CMYK 7/9/9/0
RGB 238/233/229 #eee9e5
CMYK 33/0/0/0
RGB 191/223/247 #bfdff7
CMYK 15/25/25/10
RGB 200/184/172 #c8b8ac

CMYK 30/10/0/0
RGB 193/211/237 #c1d3ed
CMYK 23/3/0/0
RGB 211/229/247 #d3e5f7
CMYK 55/30/0/0
RGB 134/158/208 #869ed0
CMYK 2/7/2/0
RGB 248/242/245 #f8f2f5
CMYK 12/0/10/12
RGB 215/224/217 #d7e0d9

CMYK 45/10/0/0
RGB 162/197/233 #a2c5e9
CMYK 73/75/10/0
RGB 90/79/145 #5a4f91
CMYK 5/0/50/0
RGB 247/243/156 #f7f39c
CMYK 20/15/10/0
RGB 210/211/218 #d2d3da
CMYK 50/10/20/0
RGB 152/190/200 #98bec8

CMYK 12/0/10/0
RGB 234/243/236 #eaf3ec
CMYK 15/0/25/0
RGB 228/238/207 #e4eecf
CMYK 60/0/50/0
RGB 134/189/151 #86bd97
CMYK 45/10/0/0
RGB 162/197/233 #a2c5e9
CMYK 10/0/45/0
RGB 238/239/167 #eeefa7

CMYK
30 / 12 / 10 / 0
RGB
196 / 211 / 224
#c4d3e0

CMYK
73 / 0 / 21 / 0
RGB
93 / 211 / 233
#5dd3e9

CMYK
87 / 31 / 0 / 0
RGB
1 / 148 / 254
#0194fe

CMYK
100 / 94 / 43 / 0
RGB
1 / 43 / 126
#012b7e

CMYK
100 / 100 / 62 / 34
RGB
1 / 17 / 73
#011149

青

明度は低いのですが、彩度が高いため、明るく見える色です。明るいブルーと暗いブルーの組み合わせは、うまく調和します。ターコイズ、コバルトブルー、リッチブルー、ダークブルーは表情豊かで充実した色です。ライトグレーを加えると、落ち着いた配色になります。バスルーム、リビングルーム、ベッドルームなどのインテリアにも適した色です。

blue

CMYK 84/74/20/0
RGB 71/82/143
#47528f

CMYK 58/36/22/0
RGB 131/150/177
#8396b1

CMYK 27/36/35/0
RGB 189/169/156
#bda99c

CMYK 46/79/60/3
RGB 141/81/87
#8d5157

CMYK 60/84/60/72
RGB 48/19/34
#301322

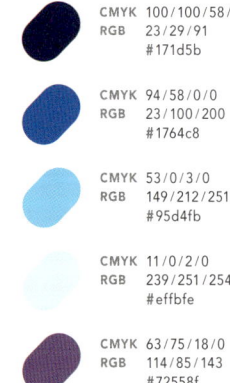

CMYK 100/100/58/13
RGB 23/29/91
#171d5b

CMYK 94/58/0/0
RGB 23/100/200
#1764c8

CMYK 53/0/3/0
RGB 149/212/251
#95d4fb

CMYK 11/0/2/0
RGB 239/251/254
#effbfe

CMYK 63/75/18/0
RGB 114/85/143
#72558f

blue

CMYK	CMYK	CMYK	CMYK	CMYK
85/70/57/68	92/67/33/0	21/12/14/0	55/65/71/10	50/82/86/19
RGB	RGB	RGB	RGB	RGB
25/37/50	53/90/133	211/216/215	121/96/79	118/66/52
#192532	#355a85	#d3d8d7	#79604f	#764234

CMYK 82/74/45/85
RGB 6/8/22
#060816

CMYK 100/100/62/34
RGB 2/14/73
#020e49

CMYK 100/97/39/0
RGB 0/27/137
#001b89

CMYK 21/19/13/0
RGB 206/203/210
#cecbd2

CMYK 54/67/53/2
RGB 128/99/104
#806368

CMYK
27/73/82/0
RGB
177/97/60
#b1613c

CMYK
8/16/24/0
RGB
234/221/197
#eaddc5

CMYK
92/17/16/0
RGB
0/158/210
#009ed2

CMYK
100/92/42/1
RGB
0/48/125
#00307d

CMYK
83/72/50/78
RGB
12/24/34
#0c1822

blue

CMYK 96/66/0/0
RGB 25/86/190
#1956be

CMYK 61/22/0/0
RGB 124/174/243
#7caef3

CMYK 20/27/4/0
RGB 206/192/217
#cec0d9

CMYK 81/88/37/2
RGB 77/61/111
#4d3d6f

CMYK 80/89/50/65
RGB 31/17/44
#1f112c

CMYK 80/80/40/75
RGB 2/6/47
#02062f

CMYK 100/96/56/10
RGB 16/42/99
#102a63

CMYK 96/61/0/0
RGB 0/94/196
#005ec4

CMYK 24/23/22/0
RGB 199/193/190
#c7c1be

CMYK 45/75/88/8
RGB 139/85/56
#8b5538

CMYK 92/69/6/0
RGB 48/87/166
#3057a6

CMYK 70/42/0/0
RGB 104/137/206
#6889ce

CMYK 36/25/0/0
RGB 178/185/227
#b2b9e3

CMYK 9/8/4/0
RGB 235/234/239
#ebeaef

CMYK 86/33/54/0
RGB 66/135/130
#428782

	CMYK	80 / 75 / 50 / 80
	RGB	13 / 17 / 33
		#0d1121

	CMYK	100 / 73 / 23 / 0
	RGB	18 / 79 / 144
		#124f90

	CMYK	60 / 43 / 12 / 0
	RGB	125 / 140 / 187
		#7d8cbb

	CMYK	30 / 30 / 22 / 0
	RGB	186 / 178 / 183
		#bab2b7

	CMYK	17 / 15 / 12 / 0
	RGB	217 / 214 / 216
		#d9d6d8

	CMYK	76 / 63 / 76 / 29
	RGB	71 / 78 / 65
		#474e41

	CMYK	15 / 21 / 20 / 0
	RGB	218 / 205 / 197
		#dacdc5

	CMYK	75 / 40 / 39 / 0
	RGB	93 / 132 / 146
		#5d8492

	CMYK	86 / 69 / 40 / 2
	RGB	66 / 87 / 121
		#425779

	CMYK	85 / 72 / 56 / 21
	RGB	59 / 71 / 86
		#3b4756

blue

CMYK
34/64/79/0
RGB
167/112/70
#a77046

CMYK
32/39/46/0
RGB
180/159/136
#b49f88

CMYK
16/5/4/0
RGB
224/233/242
#e0e9f2

CMYK
66/42/26/0
RGB
112/135/164
#7087a4

CMYK
87/78/62/36
RGB
49/56/68
#313844

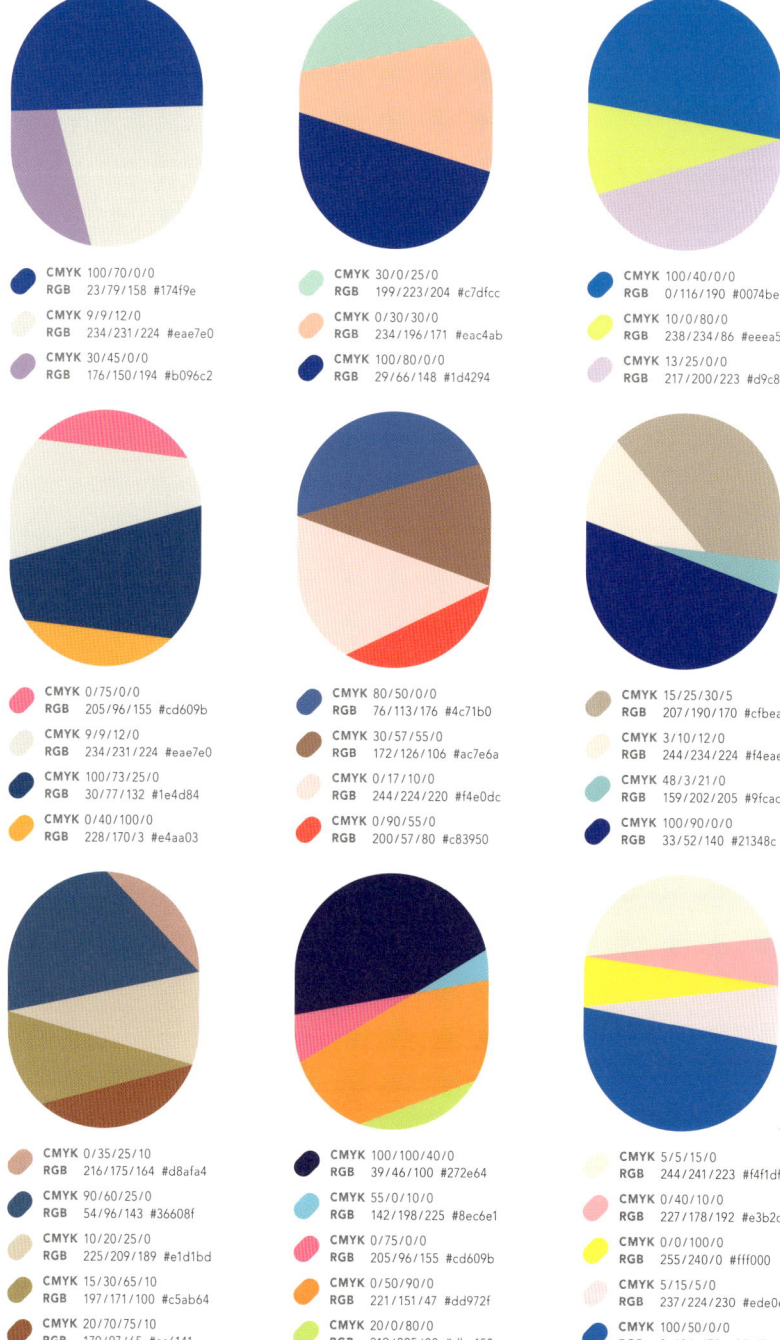

blue

- **CMYK** 0/80/55/0
  RGB 204/85/87 #cc5557
- **CMYK** 0/6/6/0
  RGB 251/245/239 #fbf5ef
- **CMYK** 100/50/0/0
  RGB 0/104/179 #0068b3

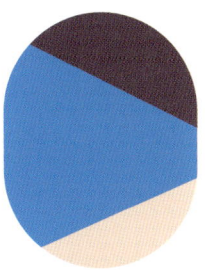

- **CMYK** 55/70/45/25
  RGB 104/77/92 #684d5c
- **CMYK** 78/30/0/0
  RGB 79/140/204 #4f8ccc
- **CMYK** 5/20/20/0
  RGB 234/213/199 #ead5c7

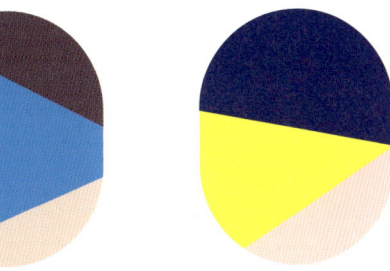

- **CMYK** 100/100/33/0
  RGB 39/45/106 #272d6a
- **CMYK** 0/0/100/0
  RGB 255/240/0 #fff000
- **CMYK** 0/20/13/0
  RGB 242/218/211 #f2dad3

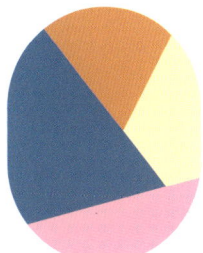

- **CMYK** 10/53/75/0
  RGB 205/141/76 #cd8d4c
- **CMYK** 80/50/20/0
  RGB 77/113/158 #4d719e
- **CMYK** 0/3/30/0
  RGB 253/247/198 #fdf7c6
- **CMYK** 0/40/0/0
  RGB 227/179/206 #e3b3ce

- **CMYK** 100/80/20/0
  RGB 32/68/131 #204483
- **CMYK** 0/0/100/0
  RGB 255/240/0 #fff000
- **CMYK** 0/40/100/0
  RGB 228/170/3 #e4aa03
- **CMYK** 18/30/32/10
  RGB 192/172/156 #c0ac9c

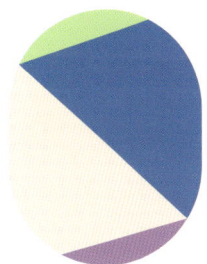

- **CMYK** 25/0/55/0
  RGB 209/224/144 #d1e090
- **CMYK** 80/50/5/0
  RGB 76/113/176 #4c71b0
- **CMYK** 3/10/12/0
  RGB 244/234/224 #f4eae0
- **CMYK** 35/57/0/0
  RGB 162/124/177 #a27cb1

- **CMYK** 0/35/25/0
  RGB 231/186/175 #e7baaf
- **CMYK** 30/57/55/0
  RGB 172/126/106 #ac7e6a
- **CMYK** 100/90/40/0
  RGB 38/58/105 #263a69
- **CMYK** 18/30/60/10
  RGB 193/170/109 #c1aa6d
- **CMYK** 9/9/12/0
  RGB 234/231/224 #eae7e0

- **CMYK** 100/60/0/0
  RGB 9/92/168 #095ca8
- **CMYK** 7/5/10/0
  RGB 240/240/232 #f0f0e8
- **CMYK** 20/5/55/0
  RGB 217/222/142 #d9de8e
- **CMYK** 0/0/0/25
  RGB 210/210/211 #d2d2d3
- **CMYK** 3/10/20/5
  RGB 237/226/203 #ede2cb

- **CMYK** 55/80/55/50
  RGB 77/45/58 #4d2d3a
- **CMYK** 10/0/80/0
  RGB 238/234/86 #eeea56
- **CMYK** 90/85/20/5
  RGB 55/61/124 #373d7c
- **CMYK** 100/50/0/0
  RGB 0/104/179 #0068b3
- **CMYK** 0/73/35/0
  RGB 207/102/118 #cf6676

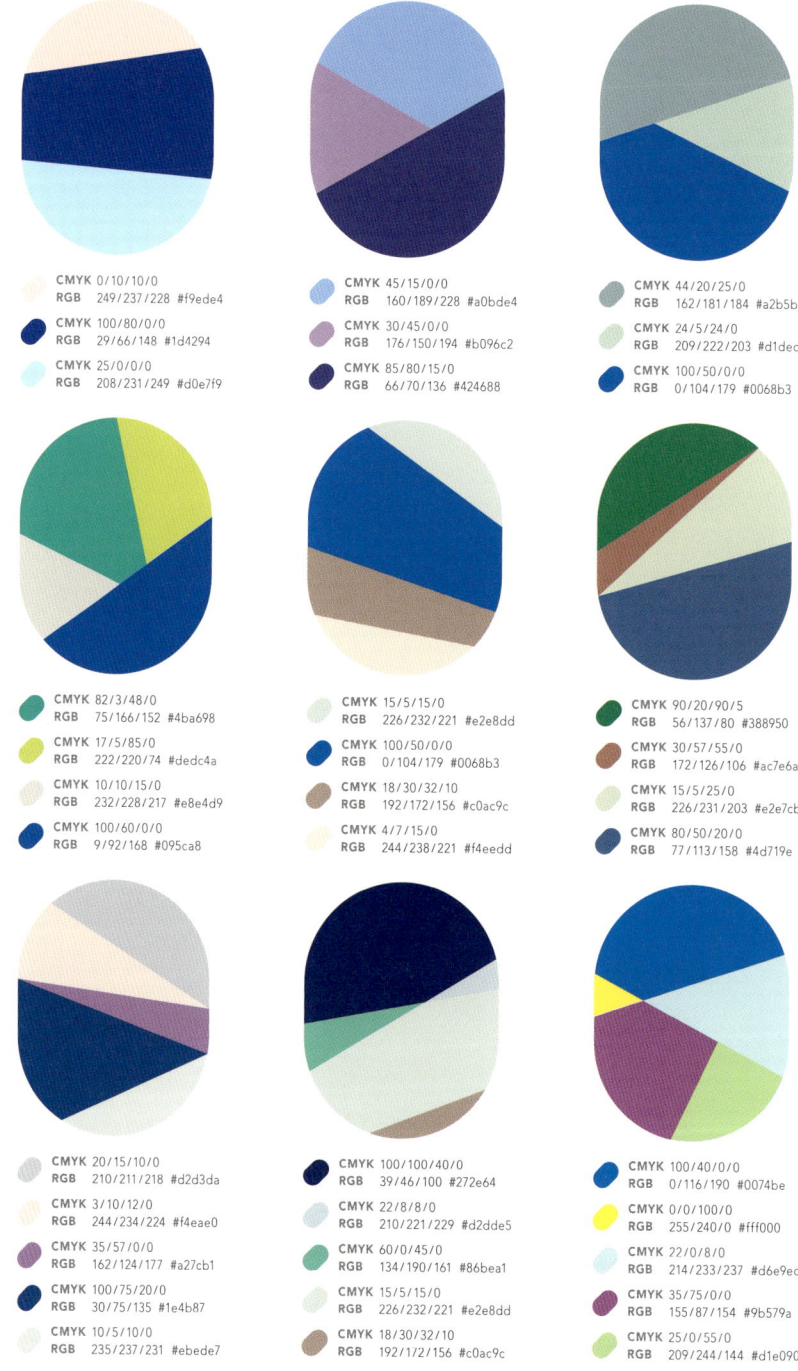

blue

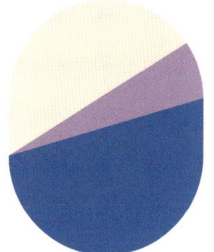

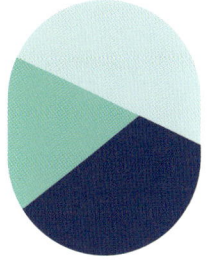

- CMYK 85/70/30/10 RGB 63/79/121 #3f4f79
- CMYK 5/5/10/0 RGB 244/242/232 #f4f2e8
- CMYK 0/25/10/0 RGB 238/208/211 #eed0d3

- CMYK 4/7/15/0 RGB 244/238/221 #f4eedd
- CMYK 30/45/0/0 RGB 176/150/194 #b096c2
- CMYK 80/50/5/0 RGB 76/113/176 #4c71b0

- CMYK 22/3/11/0 RGB 213/229/229 #d5e5e5
- CMYK 50/0/35/0 RGB 156/201/181 #9cc9b5
- CMYK 85/70/30/10 RGB 63/79/121 #3f4f79

- CMYK 20/5/60/0 RGB 217/221/131 #d9dd83
- CMYK 100/80/0/0 RGB 29/69/148 #1d4294
- CMYK 13/10/10/0 RGB 226/226/225 #e2e2e1
- CMYK 82/3/48/0 RGB 75/166/152 #4ba698

- CMYK 20/15/15/0 RGB 210/211/210 #d2d3d2
- CMYK 20/45/65/0 RGB 194/152/98 #c29862
- CMYK 100/100/33/0 RGB 39/45/106 #272d6a
- CMYK 25/8/0/0 RGB 204/219/241 #ccdbf1

- CMYK 100/50/0/0 RGB 0/104/179 #0068b3
- CMYK 0/0/55/0 RGB 255/246/145 #fff691
- CMYK 13/25/0/0 RGB 217/200/223 #d9c8df
- CMYK 25/0/10/0 RGB 208/230/233 #d0e6e9

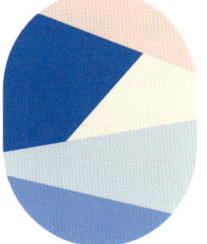

- CMYK 13/3/0/5 RGB 223/232/242 #dfe8f2
- CMYK 80/50/20/0 RGB 77/113/158 #4d719e
- CMYK 20/20/0/0 RGB 207/203/228 #cfcbe4
- CMYK 40/0/15/0 RGB 178/214/220 #b2d6dc
- CMYK 85/55/0/0 RGB 63/103/175 #3f67af

- CMYK 5/20/15/0 RGB 234/214/207 #ead6cf
- CMYK 100/50/0/0 RGB 0/104/179 #0068b3
- CMYK 4/7/15/0 RGB 244/238/221 #f4eedd
- CMYK 22/8/8/0 RGB 210/221/229 #d2dde5
- CMYK 60/25/0/0 RGB 124/161/213 #7ca1d5

- CMYK 78/12/53/0 RGB 88/159/139 #589f8b
- CMYK 10/5/100/0 RGB 235/225/0 #ebe100
- CMYK 60/0/30/0 RGB 132/191/188 #84bfbc
- CMYK 75/65/0/0 RGB 86/93/164 #565da4
- CMYK 30/0/5/0 RGB 198/226/240 #c6e2f0

CMYK
1/2/0/0
RGB
252/251/253
#fcfbfd

CMYK
18/11/6/0
RGB
217/221/231
#d9dde7

CMYK
22/27/6/0
RGB
202/190/213
#cabed5

CMYK
57/50/11/0
RGB
129/129/179
#8181b3

CMYK
78/85/58/31
RGB
65/52/72
#413448

purple

紫

赤みを帯びたパープルは、レッド、ワインレッド、濃いめのピンクなどとよく調和します。青に近いパープルは、ブルーやライトブルーなど、青系の色と合わせるのがよいでしょう。他の色と組み合わせるのが難しい色なので、明度や彩度が異なるパープルを組み合わせたり、ブルーなど隣り合う色相から色を選んだりするとよいでしょう。

CMYK 70/85/61/66
RGB 44/22/35
#2c1623

CMYK 58/86/38/0
RGB 120/67/111
#78436f

CMYK 47/20/1/0
RGB 159/186/229
#9fbae5

CMYK 9/3/1/0
RGB 238/243/249
#eef3f9

CMYK 12/26/62/0
RGB 225/198/117
#e1c675

CMYK 56/31/59/0
RGB 137/155/120
#899b78

CMYK 24/16/14/0
RGB 203/207/211
#cbcfd3

CMYK 5/42/1/0
RGB 227/176/207
#e3b0cf

CMYK 47/91/37/0
RGB 140/55/108
#8c376c

CMYK 50/90/50/70
RGB 55/9/33
#370921

purple

CMYK	CMYK	CMYK	CMYK	CMYK
44/65/0/0	17/38/0/0	19/27/0/0	21/10/13/0	65/29/35/0
RGB	RGB	RGB	RGB	RGB
163/105/203	216/175/231	211/195/237	212/219/220	119/155/162
#a369cb	#d8afe7	#d3c3ed	#d4dbdc	#779ba2

 CMYK 56/93/36/0
RGB 123/53/109
#7b356d

 CMYK 30/63/1/0
RGB 177/118/177
#b176b1

 CMYK 5/33/0/0
RGB 234/193/228
#eac1e4

 CMYK 5/12/11/0
RGB 241/231/224
#f1e7e0

 CMYK 7/8/8/0
RGB 239/235/232
#efebe8

CMYK
35 / 70 / 23 / 0
RGB
165 / 103 / 142
#a5678e

CMYK
3 / 39 / 0 / 0
RGB
231 / 183 / 212
#e7b7d4

CMYK
27 / 29 / 1 / 0
RGB
192 / 184 / 218
#c0b8da

CMYK
61 / 23 / 8 / 0
RGB
127 / 171 / 215
#7fabd7

CMYK
92 / 72 / 10 / 0
RGB
51 / 83 / 159
#33539f

purple

CMYK 79/95/37/3
RGB 81/51/106
#51336a

CMYK 56/92/33/0
RGB 123/55/113
#7b3771

CMYK 18/76/0/0
RGB 199/90/174
#c75aae

CMYK 28/24/0/0
RGB 193/192/229
#c1c0e5

CMYK 12/8/7/0
RGB 230/231/233
#e6e7e9

CMYK 76/100/47/8
RGB 86/21/91
#56155b

CMYK 33/72/14/0
RGB 168/99/152
#a86398

CMYK 23/18/12/0
RGB 203/203/212
#cbcbd4

CMYK 10/54/100/0
RGB 213/142/6
#d58e06

CMYK 49/100/98/25
RGB 112/0/34
#700022

CMYK 83/95/39/5
RGB 72/51/103
#483367

CMYK 63/74/34/0
RGB 113/86/124
#71567c

CMYK 31/72/12/0
RGB 173/100/155
#ad649b

CMYK 20/46/3/0
RGB 198/157/197
#c69dc5

CMYK 1/16/0/0
RGB 249/229/249
#f9e5f9

	CMYK	30 / 30 / 30 / 100
	RGB	0 / 0 / 0
		#000000

	CMYK	79 / 84 / 59 / 33
	RGB	63 / 52 / 70
		#3f3446

	CMYK	64 / 61 / 27 / 0
	RGB	114 / 108 / 145
		#726c91

	CMYK	24 / 25 / 9 / 0
	RGB	198 / 191 / 210
		#c6bfd2

	CMYK	0 / 20 / 11 / 0
	RGB	244 / 220 / 217
		#f4dcd9

	CMYK	78 / 61 / 100 / 36
	RGB	65 / 74 / 38
		#414a26

	CMYK	61 / 88 / 42 / 2
	RGB	114 / 63 / 104
		#723f68

	CMYK	33 / 54 / 27 / 0
	RGB	173 / 134 / 153
		#ad8699

	CMYK	11 / 10 / 3 / 0
	RGB	231 / 230 / 239
		#e7e6ef

	CMYK	47 / 24 / 33 / 0
	RGB	158 / 175 / 170
		#9eafaa

purple

CMYK
36 / 24 / 1 / 0
RGB
179 / 187 / 224
#b3bbe0

CMYK
33 / 66 / 26 / 0
RGB
170 / 111 / 142
#aa6f8e

CMYK
15 / 35 / 17 / 0
RGB
212 / 181 / 189
#d4b5bd

CMYK
53 / 18 / 75 / 0
RGB
149 / 176 / 100
#95b064

CMYK
6 / 3 / 7 / 0
RGB
244 / 246 / 241
#f4f6f1

CMYK 9/9/12/0 **RGB** 234/231/224 #eae7e0 **CMYK** 45/85/20/0 **RGB** 137/67/125 #89437d **CMYK** 0/40/0/0 **RGB** 227/179/206 #e3b3ce	**CMYK** 10/0/80/0 **RGB** 238/234/86 #eeea56 **CMYK** 10/20/30/5 **RGB** 219/202/175 #dbcaaf **CMYK** 45/75/0/0 **RGB** 139/85/154 #8b559a	**CMYK** 35/40/5/0 **RGB** 170/156/194 #aa9cc2 **CMYK** 0/90/55/0 **RGB** 200/57/80 #c83950 **CMYK** 3/10/12/0 **RGB** 244/234/224 #f4eae0
CMYK 45/75/0/0 **RGB** 139/85/154 #8b559a **CMYK** 65/40/0/0 **RGB** 110/136/195 #6e88c3 **CMYK** 0/10/10/0 **RGB** 249/237/228 #f9ede4 **CMYK** 5/0/30/0 **RGB** 247/246/199 #f7f6c7	**CMYK** 0/55/50/0 **RGB** 218/142/114 #da8e72 **CMYK** 40/55/65/0 **RGB** 157/124/94 #9d7c5e **CMYK** 15/45/10/0 **RGB** 201/158/183 #c99eb7 **CMYK** 0/80/55/0 **RGB** 204/85/87 #cc5557	**CMYK** 40/60/60/50 **RGB** 97/72/61 #61483d **CMYK** 0/35/25/0 **RGB** 231/186/175 #e7baaf **CMYK** 45/75/0/0 **RGB** 139/85/154 #8b559a **CMYK** 8/23/15/0 **RGB** 227/206/203 #e3cecb
CMYK 0/0/100/0 **RGB** 255/240/0 #fff000 **CMYK** 15/25/25/10 **RGB** 200/184/172 #c8b8ac **CMYK** 35/65/0/0 **RGB** 159/108/166 #9f6ca6 **CMYK** 0/35/100/0 **RGB** 231/180/0 #e7b400 **CMYK** 9/9/12/0 **RGB** 234/231/224 #eae7e0	**CMYK** 35/50/5/0 **RGB** 166/137/181 #a689b5 **CMYK** 30/57/55/0 **RGB** 172/126/106 #ac7e6a **CMYK** 35/95/100/15 **RGB** 137/44/36 #892c24 **CMYK** 0/18/0/0 **RGB** 243/223/235 #f3dfeb **CMYK** 10/20/30/5 **RGB** 219/202/175 #dbcaaf	**CMYK** 30/60/40/30 **RGB** 135/95/99 #875f63 **CMYK** 3/19/80/0 **RGB** 238/209/79 #eed14f **CMYK** 8/23/15/0 **RGB** 227/206/203 #e3cecb **CMYK** 0/50/10/0 **RGB** 221/156/179 #dd9cb3 **CMYK** 35/95/10/0 **RGB** 149/37/124 #95257c

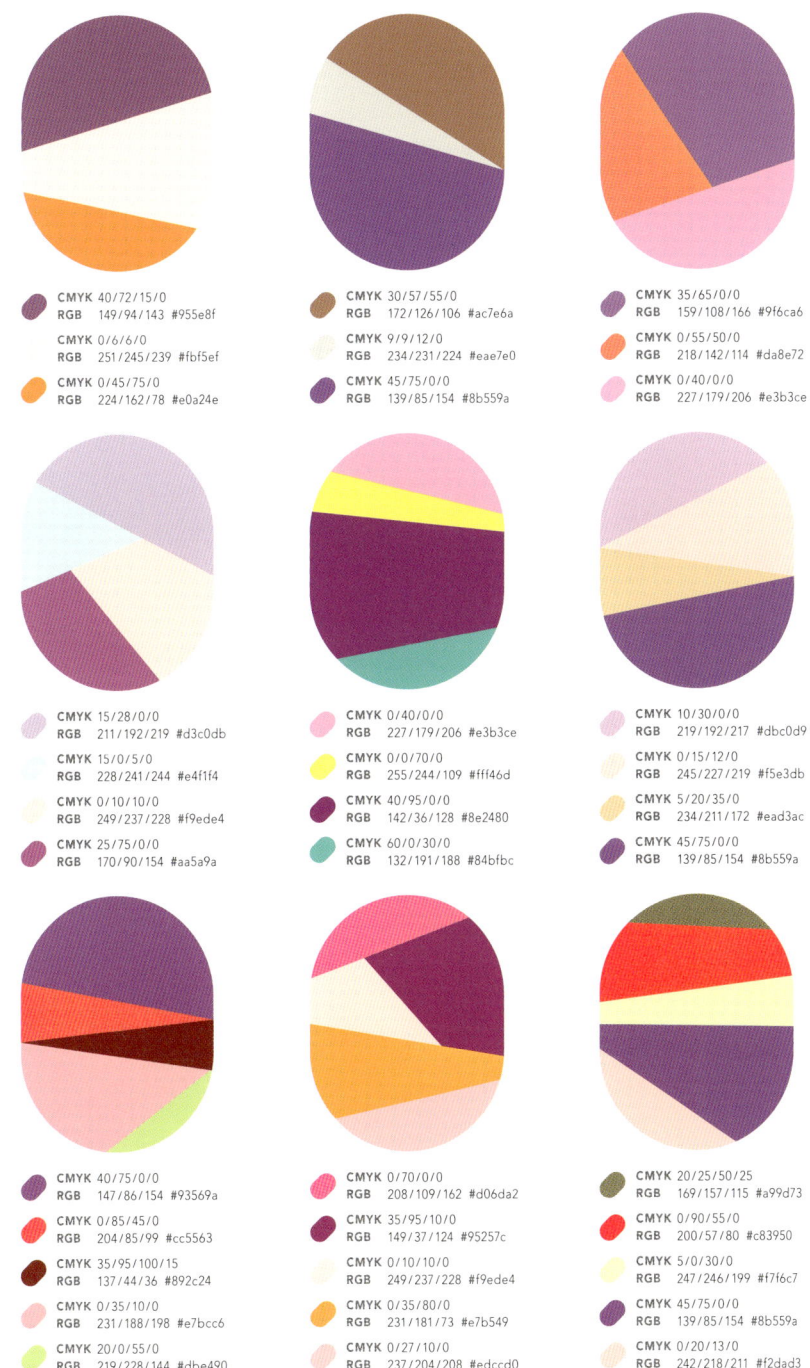

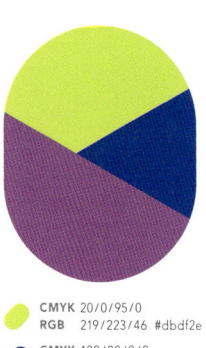

- CMYK 20/0/95/0
  RGB 219/223/46 #dbdf2e
- CMYK 100/80/0/0
  RGB 29/66/148 #1d4294
- CMYK 45/75/0/0
  RGB 139/85/154 #8b559a

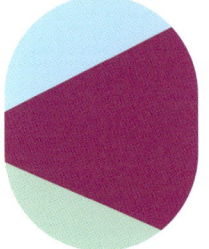

- CMYK 30/0/0/0
  RGB 198/226/248 #c6e2f8
- CMYK 35/95/10/0
  RGB 149/37/124 #95257c
- CMYK 30/0/25/0
  RGB 199/223/204 #c7dfcc

- CMYK 35/65/0/0
  RGB 159/108/166 #9f6ca6
- CMYK 14/42/30/14
  RGB 186/149/144 #ba9590
- CMYK 4/7/15/0
  RGB 244/238/221 #f4eedd

- CMYK 45/75/0/0
  RGB 139/85/154 #8b559a
- CMYK 5/5/0/0
  RGB 244/242/241 #f4f2f1
- CMYK 100/0/0/0
  RGB 0/159/230 #009fe6
- CMYK 35/10/15/0
  RGB 184/205/212 #b8cdd4

- CMYK 0/15/10/0
  RGB 245/228/222 #f5e4de
- CMYK 30/50/5/0
  RGB 174/140/181 #ae8cb5
- CMYK 22/8/8/0
  RGB 210/221/229 #d2dde5
- CMYK 10/10/15/0
  RGB 232/228/217 #e8e4d9

- CMYK 24/5/24/0
  RGB 209/222/203 #d1decb
- CMYK 60/0/45/0
  RGB 134/190/161 #86bea1
- CMYK 90/20/90/5
  RGB 56/137/80 #388950
- CMYK 45/75/0/0
  RGB 139/85/154 #8b559a

- CMYK 45/75/0/0
  RGB 139/85/154 #8b559a
- CMYK 60/33/0/0
  RGB 122/150/204 #7a96cc
- CMYK 75/95/39/15
  RGB 78/44/92 #4e2c5c
- CMYK 75/10/55/0
  RGB 96/164/137 #60a489
- CMYK 43/9/20/0
  RGB 168/199/203 #a8c7cb

- CMYK 13/5/10/0
  RGB 229/234/231 #e5eae7
- CMYK 18/30/32/10
  RGB 192/172/156 #c0ac9c
- CMYK 10/13/10/0
  RGB 230/223/223 #e6dfdf
- CMYK 45/75/0/0
  RGB 139/85/154 #8b559a
- CMYK 13/10/0/0
  RGB 226/227/241 #e2e3f1

- CMYK 20/0/0/13
  RGB 199/216/229 #c7d8e5
- CMYK 25/0/55/0
  RGB 209/224/144 #d1e090
- CMYK 0/0/70/0
  RGB 255/244/109 #fff46d
- CMYK 60/25/0/0
  RGB 124/161/213 #7ca1d5
- CMYK 35/57/0/0
  RGB 162/124/177 #a27cb1

purple

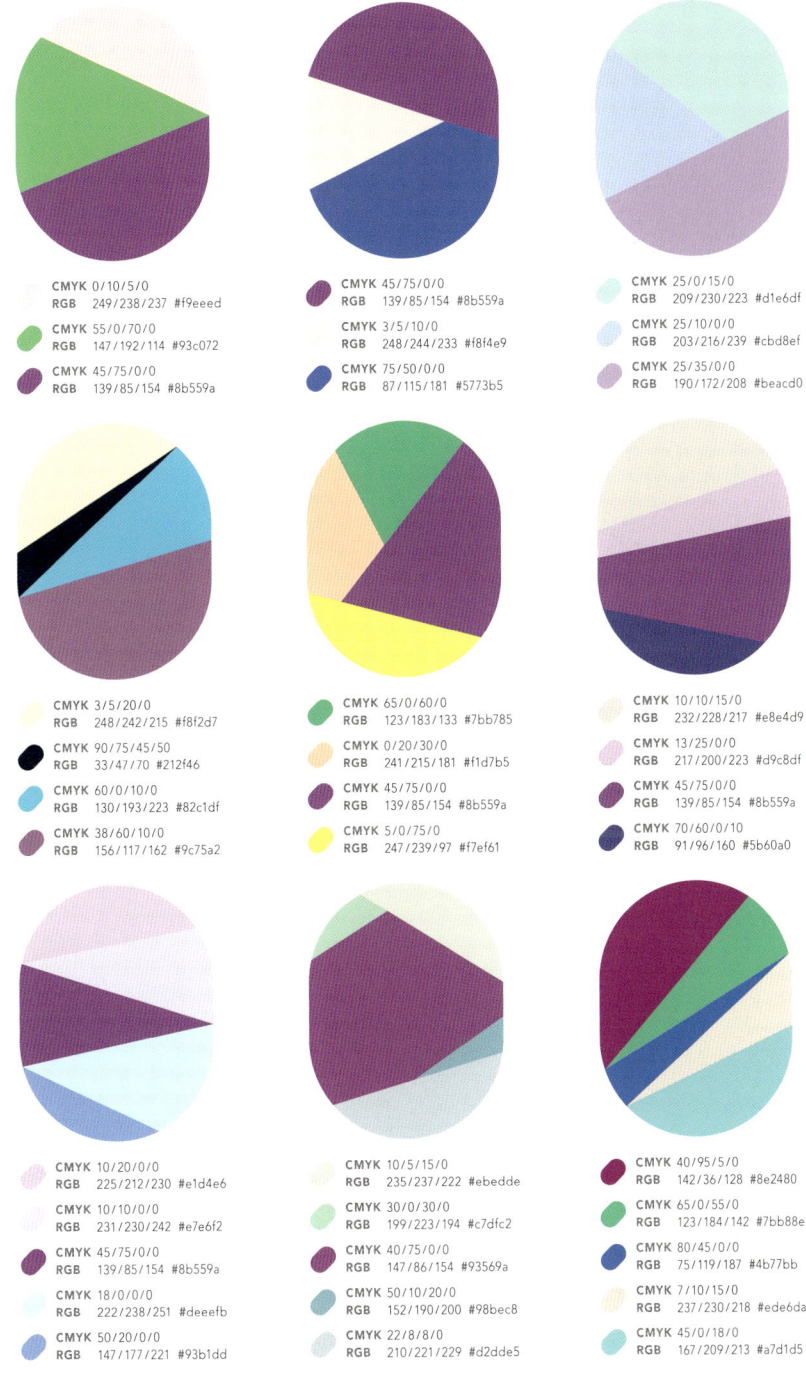

CMYK
72 / 22 / 88 / 0
RGB
107 / 156 / 82
#6b9c52

CMYK
0 / 39 / 4 / 0
RGB
247 / 188 / 209
#f7bcd1

CMYK
0 / 16 / 7 / 0
RGB
247 / 228 / 229
#f7e4e5

CMYK
9 / 28 / 32 / 0
RGB
226 / 197 / 172
#e2c5ac

CMYK
44 / 0 / 26 / 0
RGB
174 / 218 / 208
#aedad0

pink

ピンク

繊細で優しい色は、穏やかでロマンチックな雰囲気を醸し出します。濃いめのピンクは華やかな印象を、薄めのピンクは優しくかわいらしい印象を演出します。同系色でまとめると甘くなるので、差し色にライトブルーやエメラルドグリーンを加えると、フレッシュな印象になります。ブラウンやベージュ、グレーとも相性のよい色です。

	CMYK	0 / 76 / 27 / 0
	RGB	233 / 95 / 131
		#e95f83

	CMYK	0 / 42 / 8 / 0
	RGB	255 / 183 / 201
		#ffb7c9

	CMYK	0 / 18 / 19 / 0
	RGB	253 / 226 / 205
		#fde2cd

	CMYK	37 / 29 / 33 / 0
	RGB	173 / 173 / 165
		#adada5

	CMYK	85 / 41 / 78 / 2
	RGB	72 / 124 / 91
		#487c5b

	CMYK	4 / 77 / 23 / 0
	RGB	214 / 94 / 136
		#d65e88

	CMYK	2 / 56 / 4 / 0
	RGB	225 / 146 / 186
		#e192ba

	CMYK	0 / 21 / 7 / 0
	RGB	251 / 221 / 223
		#fbdddf

	CMYK	16 / 11 / 34 / 0
	RGB	224 / 221 / 182
		#e0ddb6

	CMYK	21 / 27 / 86 / 0
	RGB	210 / 188 / 65
		#d2bc41

pink

CMYK	CMYK	CMYK	CMYK	CMYK
40/11/69/0	11/18/11/0	3/28/0/0	4/44/0/0	23/65/29/0
RGB	**RGB**	**RGB**	**RGB**	**RGB**
181/200/112	226/214/216	237/205/229	227/172/208	187/118/141
#b5c870	#e2d6d8	#edcde5	#e3acd0	#bb768d

 CMYK 73/37/100/1
RGB 102/135/44
#66872c

 CMYK 23/100/85/0
RGB 178/5/48
#b20530

 CMYK 8/49/21/0
RGB 217/157/169
#d99da9

 CMYK 0/24/3/0
RGB 248/216/227
#f8d8e3

 CMYK 10/7/7/0
RGB 234/234/234
#eaeaea

CMYK
5 / 93 / 42 / 0
RGB
206 / 39 / 97
#ce2761

CMYK
0 / 50 / 15 / 0
RGB
243 / 163 / 178
#f3a3b2

CMYK
4 / 14 / 14 / 0
RGB
241 / 227 / 216
#f1e3d8

CMYK
7 / 37 / 39 / 0
RGB
225 / 180 / 150
#e1b496

CMYK
4 / 62 / 75 / 0
RGB
217 / 128 / 71
#d98047

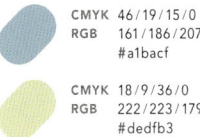
pink

CMYK 46/19/15/0
RGB 161/186/207
#a1bacf

CMYK 18/9/36/0
RGB 222/223/179
#dedfb3

CMYK 3/24/11/0
RGB 238/211/212
#eed3d4

CMYK 0/50/19/0
RGB 240/161/171
#f0a1ab

CMYK 9/82/55/0
RGB 203/79/89
#cb4f59

CMYK 0/91/40/0
RGB 255/0/96
#ff0060

CMYK 4/84/30/0
RGB 211/74/120
#d34a78

CMYK 0/59/16/0
RGB 245/141/166
#f58da6

CMYK 0/27/7/0
RGB 255/213/219
#ffd5db

CMYK 0/8/4/0
RGB 255/244/242
#fff4f2

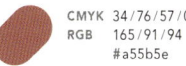
CMYK 34/76/57/0
RGB 165/91/94
#a55b5e

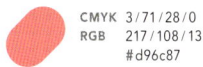
CMYK 3/71/28/0
RGB 217/108/135
#d96c87

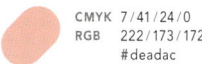
CMYK 7/41/24/0
RGB 222/173/172
#deadac

CMYK 5/14/9/0
RGB 238/226/225
#eee2e1

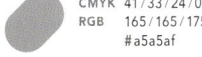
CMYK 41/33/24/0
RGB 165/165/175
#a5a5af

CMYK	0 / 36 / 38 / 0
RGB	248 / 190 / 152
	#f8be98

CMYK	15 / 77 / 82 / 0
RGB	196 / 92 / 57
	#c45c39

CMYK	31 / 19 / 62 / 0
RGB	195 / 195 / 121
	#c3c379

CMYK	73 / 59 / 100 / 26
RGB	82 / 86 / 2
	#525602

CMYK	72 / 60 / 70 / 90
RGB	13 / 13 / 9
	#0b0f01

CMYK	80 / 62 / 31 / 0
RGB	81 / 100 / 139
	#51648b

CMYK	9 / 37 / 16 / 0
RGB	220 / 180 / 189
	#dcb4bd

CMYK	3 / 25 / 5 / 0
RGB	237 / 209 / 221
	#edd1dd

CMYK	21 / 21 / 15 / 0
RGB	206 / 200 / 204
	#cec8cc

CMYK	9 / 8 / 1 / 0
RGB	236 / 235 / 244
	#ecebf4

pink

CMYK
17 / 75 / 37 / 0
RGB
194 / 95 / 119
#c25f77

CMYK
10 / 45 / 34 / 0
RGB
216 / 163 / 152
#d8a398

CMYK
1 / 11 / 14 / 0
RGB
248 / 235 / 220
#f8ebdc

CMYK
29 / 9 / 24 / 0
RGB
199 / 214 / 200
#c7d6c8

CMYK
76 / 24 / 37 / 0
RGB
94 / 156 / 165
#5e9ca5

CMYK 0/6/6/0
RGB 251/245/239 #fbf5ef

CMYK 0/80/55/0
RGB 204/85/87 #cc5557

CMYK 0/40/5/0
RGB 227/178/199 #e3b2c7

CMYK 0/25/5/0
RGB 238/209/219 #eed1db

CMYK 30/60/40/30
RGB 135/95/99 #875f63

CMYK 0/10/10/0
RGB 249/237/228 #f9ede4

CMYK 0/45/75/0
RGB 224/162/78 #e0a24e

CMYK 10/20/30/5
RGB 219/202/175 #dbcaaf

CMYK 0/40/5/0
RGB 227/178/199 #e3b2c7

CMYK 10/20/0/0
RGB 225/212/230 #e1d4e6

CMYK 30/50/0/0
RGB 174/140/187 #ae8cbb

CMYK 0/10/100/0
RGB 248/225/0 #f8e100

CMYK 0/70/5/0
RGB 208/109/157 #d06d9d

CMYK 0/40/5/0
RGB 227/178/199 #e3b2c7

CMYK 20/0/20/0
RGB 219/234/215 #dbead7

CMYK 9/9/12/0
RGB 234/231/224 #eae7e0

CMYK 10/20/30/5
RGB 219/202/175 #dbcaaf

CMYK 35/95/100/15
RGB 137/44/36 #892c24

CMYK 0/25/40/0
RGB 238/205/158 #eecd9e

CMYK 0/75/0/0
RGB 205/96/155 #cd609b

CMYK 0/40/5/0
RGB 227/178/199 #e3b2c7

CMYK 0/40/5/0
RGB 227/178/199 #e3b2c7

CMYK 40/60/60/50
RGB 97/72/61 #61483d

CMYK 0/25/40/0
RGB 238/205/158 #eecd9e

CMYK 0/55/50/0
RGB 218/142/114 #da8e72

CMYK 8/23/15/0
RGB 227/206/203 #e3cecb

CMYK 3/3/3/0
RGB 249/248/247 #f9f8f7

CMYK 0/30/15/0
RGB 234/198/197 #eac6c5

CMYK 0/90/55/0
RGB 200/57/80 #c83950

CMYK 0/40/5/0
RGB 227/178/199 #e3b2c7

CMYK 35/95/100/15
RGB 137/44/36 #892c24

CMYK 0/28/10/0
RGB 236/202/207 #eccacf

CMYK 5/0/30/0
RGB 247/246/199 #f7f6c7

CMYK 35/50/60/0
RGB 167/136/104 #a78868

CMYK 18/30/32/10
RGB 192/172/156 #c0ac9c

CMYK 10/20/30/5
RGB 219/202/175 #dbcaaf

pink

CMYK 25/0/30/0
RGB 209/227/195 #d1e3c3

CMYK 0/40/5/0
RGB 227/178/199 #e3b2c7

CMYK 35/57/0/0
RGB 162/124/177 #a27cb1

CMYK 0/25/40/0
RGB 238/205/158 #eecd9e

CMYK 0/0/90/0
RGB 255/241/51 #fff133

CMYK 0/40/5/0
RGB 227/178/199 #e3b2c7

CMYK 0/25/0/0
RGB 238/210/226 #eed2e2

CMYK 18/30/32/10
RGB 192/172/156 #c0ac9c

CMYK 5/0/30/0
RGB 247/246/199 #f7f6c7

CMYK 30/60/40/30
RGB 135/95/99 #875f63

CMYK 0/50/15/0
RGB 220/155/172 #dc9bac

CMYK 0/35/100/0
RGB 231/180/0 #e7b400

CMYK 8/23/15/0
RGB 227/206/203 #e3cecb

CMYK 10/20/30/5
RGB 219/202/175 #dbcaaf

CMYK 35/95/100/15
RGB 137/44/36 #892c24

CMYK 0/20/13/0
RGB 242/218/211 #f2dad3

CMYK 0/40/5/0
RGB 227/178/199 #e3b2c7

CMYK 8/23/15/0
RGB 227/206/203 #e3cecb

CMYK 0/40/5/0
RGB 227/178/199 #e3b2c7

CMYK 0/80/45/0
RGB 204/85/99 #cc5563

CMYK 9/9/12/0
RGB 234/231/224 #eae7e0

CMYK 25/10/0/0
RGB 203/216/239 #cbd8ef

CMYK 0/35/25/0
RGB 231/186/175 #e7baaf

CMYK 0/18/0/0
RGB 243/223/235 #f3dfeb

CMYK 0/40/5/0
RGB 227/178/199 #e3b2c7

CMYK 30/57/55/0
RGB 172/126/106 #ac7e6a

CMYK 0/0/100/0
RGB 255/240/0 #fff000

CMYK 0/35/0/0
RGB 231/189/213 #e7bdd5

CMYK 0/80/55/0
RGB 204/85/87 #cc5557

CMYK 0/35/100/0
RGB 231/180/0 #e7b400

CMYK 0/55/50/0
RGB 218/142/114 #da8e72

CMYK 0/50/25/0
RGB 221/155/157 #dd9b9d

CMYK 13/25/0/0
RGB 217/200/223 #d9c8df

CMYK 0/60/5/0
RGB 214/133/171 #d685ab

CMYK 35/57/0/0
RGB 162/124/177 #a27cb1

CMYK 0/25/10/0
RGB 238/208/211 #eed0d3

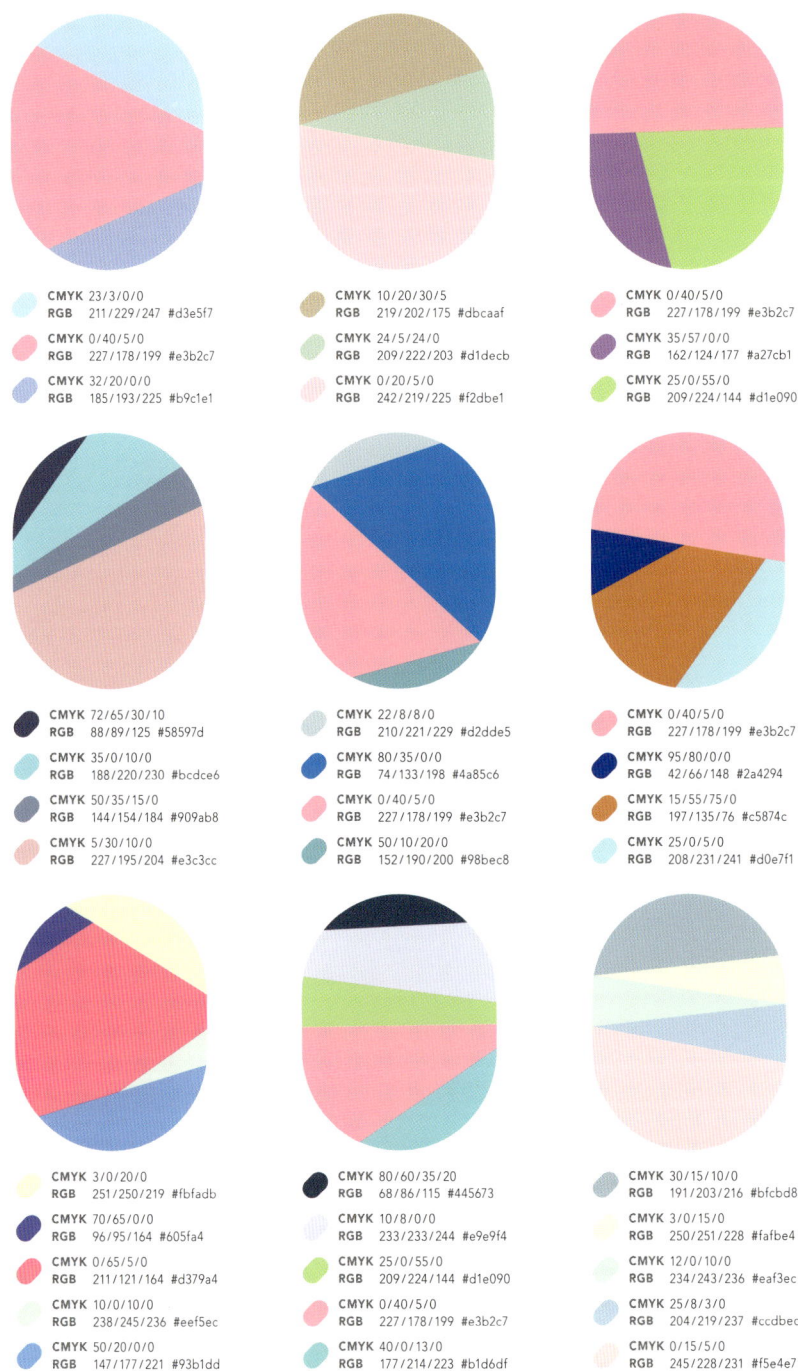

pink

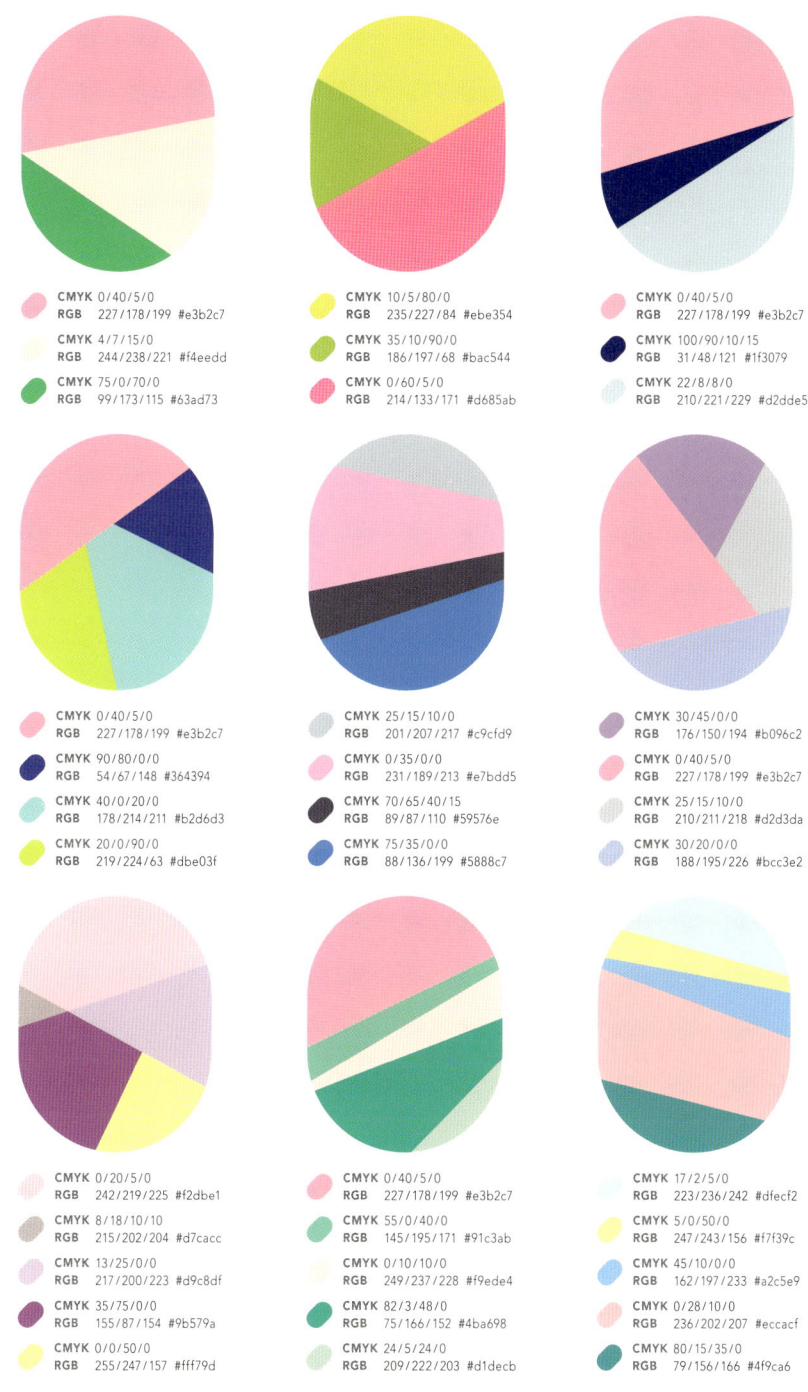

CMYK	0/40/5/0	RGB	227/178/199 #e3b2c7
CMYK	4/7/15/0	RGB	244/238/221 #f4eedd
CMYK	75/0/70/0	RGB	99/173/115 #63ad73

CMYK	10/5/80/0	RGB	235/227/84 #ebe354
CMYK	35/10/90/0	RGB	186/197/68 #bac544
CMYK	0/60/5/0	RGB	214/133/171 #d685ab

CMYK	0/40/5/0	RGB	227/178/199 #e3b2c7
CMYK	100/90/10/15	RGB	31/48/121 #1f3079
CMYK	22/8/8/0	RGB	210/221/229 #d2dde5

CMYK	0/40/5/0	RGB	227/178/199 #e3b2c7
CMYK	90/80/0/0	RGB	54/67/148 #364394
CMYK	40/0/20/0	RGB	178/214/211 #b2d6d3
CMYK	20/0/90/0	RGB	219/224/63 #dbe03f

CMYK	25/15/10/0	RGB	201/207/217 #c9cfd9
CMYK	0/35/0/0	RGB	231/189/213 #e7bdd5
CMYK	70/65/40/15	RGB	89/87/110 #59576e
CMYK	75/35/0/0	RGB	88/136/199 #5888c7

CMYK	30/45/0/0	RGB	176/150/194 #b096c2
CMYK	0/40/5/0	RGB	227/178/199 #e3b2c7
CMYK	25/15/10/0	RGB	210/211/218 #d2d3da
CMYK	30/20/0/0	RGB	188/195/226 #bcc3e2

CMYK	0/20/5/0	RGB	242/219/225 #f2dbe1
CMYK	8/18/10/10	RGB	215/202/204 #d7cacc
CMYK	13/25/0/0	RGB	217/200/223 #d9c8df
CMYK	35/75/0/0	RGB	155/87/154 #9b579a
CMYK	0/0/50/0	RGB	255/247/157 #fff79d

CMYK	0/40/5/0	RGB	227/178/199 #e3b2c7
CMYK	55/0/40/0	RGB	145/195/171 #91c3ab
CMYK	0/10/10/0	RGB	249/237/228 #f9ede4
CMYK	82/3/48/0	RGB	75/166/152 #4ba698
CMYK	24/5/24/0	RGB	209/222/203 #d1decb

CMYK	17/2/5/0	RGB	223/236/242 #dfecf2
CMYK	5/0/50/0	RGB	247/243/156 #f7f39c
CMYK	45/10/0/0	RGB	162/197/233 #a2c5e9
CMYK	0/28/10/0	RGB	236/202/207 #eccacf
CMYK	80/15/35/0	RGB	79/156/166 #4f9ca6

CMYK
0 / 19 / 93 / 0
RGB
252 / 216 / 0
#fcd800

CMYK
13 / 11 / 12 / 0
RGB
226 / 225 / 222
#e2e1de

CMYK
55 / 36 / 35 / 0
RGB
136 / 149 / 154
#88959a

CMYK
16 / 35 / 38 / 0
RGB
210 / 178 / 154
#d2b29a

CMYK
53 / 78 / 99 / 26
RGB
107 / 67 / 39
#6b4327

brown

茶色

ブラウンは、レッドやオレンジなどの暖色系の色とよく調和します。それらの色と合わせると、温かみのある優しい配色になります。また、ライトグリーンと合わせると、ナチュラルでオーガニックな印象になります。ベージュやグレーなど、明度が高く、彩度が低い色ともよく調和します。インテリアやファッションにも取り入れやすい色です。

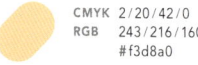
CMYK 2/20/42/0
RGB 243/216/160
#f3d8a0

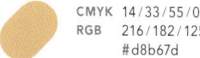
CMYK 14/33/55/0
RGB 216/182/125
#d8b67d

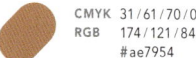
CMYK 31/61/70/0
RGB 174/121/84
#ae7954

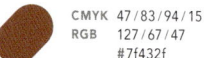
CMYK 47/83/94/15
RGB 127/67/47
#7f432f

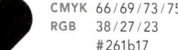
CMYK 66/69/73/75
RGB 38/27/23
#261b17

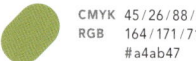
CMYK 45/26/88/0
RGB 164/171/71
#a4ab47

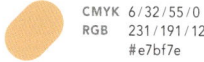
CMYK 6/32/55/0
RGB 231/191/126
#e7bf7e

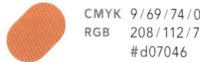
CMYK 9/69/74/0
RGB 208/112/70
#d07046

CMYK 39/87/85/4
RGB 151/66/56
#974238

CMYK 78/86/66/47
RGB 54/41/53
#362935

brown

CMYK 59/80/80/35
RGB 90/58/50
#5a3a32

CMYK 26/63/89/0
RGB 182/118/54
#b67636

CMYK 18/36/53/0
RGB 207/174/127
#cfae7f

CMYK 11/6/7/0
RGB 233/236/237
#e9eced

CMYK 75/67/56/14
RGB 83/84/93
#53545d

 CMYK 69/72/61/67
RGB 42/31/35
#2a1f23

 CMYK 63/70/53/7
RGB 107/87/99
#6b5763

 CMYK 34/38/32/0
RGB 176/161/159
#b0a19f

 CMYK 17/40/44/0
RGB 206/168/139
#cea88b

 CMYK 21/67/100/0
RGB 190/110/16
#be6e10

CMYK
16/19/22/0
RGB
218/208/196
#dad0c4

CMYK
16/41/53/0
RGB
209/167/124
#d1a77c

CMYK
24/69/80/0
RGB
183/106/64
#b76a40

CMYK
50/80/80/65
RGB
71/30/10
#471e0a

CMYK
60/70/70/75
RGB
43/31/25
#2b1f19

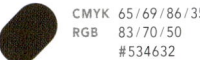

brown

CMYK 65/69/86/35
RGB 83/70/50
#534632

CMYK 43/61/72/1
RGB 153/115/82
#997352

CMYK 27/40/49/0
RGB 188/160/129
#bca081

CMYK 17/9/17/0
RGB 221/225/215
#dde1d7

CMYK 30/28/26/0
RGB 187/181/178
#bbb5b2

CMYK 49/83/100/19
RGB 122/63/23
#7a3f17

CMYK 26/55/73/0
RGB 186/133/81
#ba8551

CMYK 20/21/25/0
RGB 209/201/188
#d1c9bc

CMYK 38/9/28/0
RGB 182/207/194
#b6cfc2

CMYK 51/20/44/0
RGB 152/177/154
#98b19a

CMYK 51/83/100/25
RGB 112/60/26
#703c1a

CMYK 43/66/84/3
RGB 149/104/65
#956841

CMYK 6/21/33/0
RGB 235/212/176
#ebd4b0

CMYK 55/48/47/0
RGB 132/129/125
#84817d

CMYK 65/69/65/85
RGB 30/19/11
#1e130b

	CMYK	73 / 78 / 79 / 55
	RGB	53 / 43 / 40
		#352b28

	CMYK	48 / 76 / 100 / 13
	RGB	129 / 79 / 40
		#814f28

	CMYK	29 / 60 / 76 / 0
	RGB	178 / 123 / 75
		#b27b4b

	CMYK	0 / 27 / 38 / 0
	RGB	245 / 205 / 162
		#f5cda2

	CMYK	1 / 0 / 0 / 0
	RGB	253 / 253 / 253
		#fdfdfd

	CMYK	23 / 61 / 80 / 0
	RGB	187 / 123 / 68
		#bb7b44

	CMYK	9 / 43 / 56 / 0
	RGB	219 / 166 / 116
		#dba674

	CMYK	9 / 27 / 35 / 0
	RGB	226 / 198 / 166
		#e2c6a6

	CMYK	5 / 13 / 18 / 0
	RGB	241 / 229 / 212
		#f1e5d4

	CMYK	7 / 5 / 4 / 0
	RGB	240 / 241 / 243
		#f0f1f3

brown

CMYK
0 / 25 / 91 / 0
RGB
255 / 207 / 0
#ffcf00

CMYK
42 / 62 / 70 / 1
RGB
153 / 112 / 85
#997055

CMYK
8 / 19 / 21 / 0
RGB
231 / 214 / 198
#e7d6c6

CMYK
10 / 7 / 5 / 0
RGB
234 / 235 / 239
#eaebef

CMYK
54 / 37 / 31 / 0
RGB
138 / 149 / 161
#8a95a1

brown

- CMYK 35/57/0/0
  RGB 162/124/177 #a27cb1
- CMYK 27/55/60/0
  RGB 178/131/100 #b28364
- CMYK 0/20/13/0
  RGB 242/218/211 #f2dad3

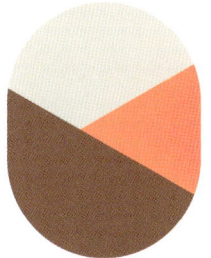

- CMYK 9/9/12/0
  RGB 234/231/224 #eae7e0
- CMYK 0/55/50/0
  RGB 218/142/114 #da8e72
- CMYK 15/50/55/30
  RGB 157/115/88 #9d7358

- CMYK 0/10/80/0
  RGB 248/227/81 #f8e351
- CMYK 15/50/55/30
  RGB 157/115/88 #9d7358
- CMYK 0/45/100/0
  RGB 224/160/11 #e0a00b

- CMYK 5/5/5/0
  RGB 244/242/241 #f4f2f1
- CMYK 80/40/20/5
  RGB 75/123/163 #4b7ba3
- CMYK 0/40/0/0
  RGB 227/179/206 #e3b3ce
- CMYK 15/50/55/30
  RGB 157/115/88 #9d7358

- CMYK 21/40/56/0
  RGB 195/162/117 #c3a275
- CMYK 35/57/0/0
  RGB 162/124/177 #a27cb1
- CMYK 10/0/5/0
  RGB 237/245/245 #edf5f5
- CMYK 0/75/0/0
  RGB 205/96/155 #cd609b

- CMYK 0/80/45/0
  RGB 204/85/99 #cc5563
- CMYK 46/85/100/13
  RGB 126/64/41 #7e4029
- CMYK 0/8/43/0
  RGB 250/235/166 #faeba6
- CMYK 8/18/10/10
  RGB 215/202/204 #d7cacc

- CMYK 0/35/25/0
  RGB 231/186/175 #e7baaf
- CMYK 18/30/32/10
  RGB 192/172/156 #c0ac9c
- CMYK 0/90/55/0
  RGB 200/57/80 #c83950
- CMYK 9/9/12/0
  RGB 234/231/224 #eae7e0
- CMYK 50/62/55/5
  RGB 132/105/101 #846965

- CMYK 15/50/55/30
  RGB 157/115/88 #9d7358
- CMYK 0/6/6/0
  RGB 251/245/239 #fbf5ef
- CMYK 0/0/100/0
  RGB 255/240/0 #fff000
- CMYK 10/20/30/5
  RGB 219/202/175 #dbcaaf
- CMYK 5/70/100/0
  RGB 203/107/25 #cb6b19

- CMYK 0/35/100/0
  RGB 231/180/0 #e7b400
- CMYK 0/6/6/0
  RGB 251/245/239 #fbf5ef
- CMYK 20/70/0/0
  RGB 180/102/160 #b466a0
- CMYK 3/19/80/0
  RGB 238/209/79 #eed14f
- CMYK 15/50/55/30
  RGB 157/115/88 #9d7358

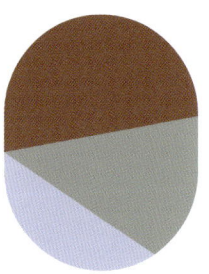

CMYK 65/30/0/0
RGB 112/150/206 #7096ce

CMYK 5/0/20/0
RGB 247/248/219 #f7f8db

CMYK 44/75/78/7
RGB 137/84/66 #895442

CMYK 4/7/15/0
RGB 244/238/221 #f4eedd

CMYK 15/50/55/30
RGB 157/115/88 #9d7358

CMYK 75/0/70/0
RGB 99/173/115 #63ad73

CMYK 10/50/55/35
RGB 154/111/83 #9a6f53

CMYK 40/30/30/0
RGB 166/169/168 #a6a9a8

CMYK 25/20/0/0
RGB 198/199/227 #c6c7e3

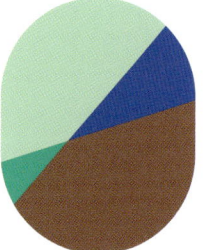

CMYK 40/0/10/0
RGB 177/215/229 #b1d7e5

CMYK 15/50/55/30
RGB 157/115/88 #9d7358

CMYK 15/5/0/5
RGB 218/227/239 #dae3ef

CMYK 30/30/0/0
RGB 184/178/214 #b8b2d6

CMYK 30/0/30/0
RGB 199/223/194 #c7dfc2

CMYK 90/70/0/0
RGB 53/81/158 #35519e

CMYK 82/3/48/0
RGB 75/166/152 #4ba698

CMYK 15/50/55/30
RGB 157/115/88 #9d7358

CMYK 0/10/10/0
RGB 249/237/228 #f9ede4

CMYK 35/10/90/0
RGB 186/197/68 #bac544

CMYK 53/70/80/15
RGB 117/85/63 #75553f

CMYK 25/0/5/0
RGB 208/231/241 #d0e7f1

CMYK 15/50/55/30
RGB 157/115/88 #9d7358

CMYK 80/60/40/20
RGB 68/86/109 #44566d

CMYK 0/10/10/0
RGB 249/237/228 #f9ede4

CMYK 40/5/60/0
RGB 178/202/131 #b2ca83

CMYK 10/45/55/0
RGB 210/158/115 #d29e73

CMYK 30/30/0/0
RGB 184/178/214 #b8b2d6

CMYK 40/0/10/0
RGB 177/215/229 #b1d7e5

CMYK 25/40/50/0
RGB 189/160/127 #bda07f

CMYK 75/50/0/0
RGB 87/115/181 #5773b5

CMYK 15/5/0/5
RGB 218/227/239 #dae3ef

CMYK 18/30/32/10
RGB 192/172/156 #c0ac9c

CMYK 35/75/0/0
RGB 155/87/154 #9b579a

CMYK 10/20/30/5
RGB 219/202/175 #dbcaaf

CMYK 15/50/55/30
RGB 157/115/88 #9d7358

CMYK 13/25/0/0
RGB 217/200/223 #d9c8df

brown

- CMYK 15/50/55/30
  RGB 157/115/88 #9d7358
- CMYK 22/0/8/0
  RGB 214/233/237 #d6e9ed
- CMYK 35/0/10/0
  RGB 188/220/230 #bcdce6

- CMYK 40/70/80/20
  RGB 131/85/58 #83553a
- CMYK 70/60/40/20
  RGB 86/89/109 #56596d
- CMYK 13/0/10/0
  RGB 232/242/235 #e8f2eb

- CMYK 30/50/0/0
  RGB 174/140/187 #ae8cbb
- CMYK 55/0/20/0
  RGB 143/198/207 #8fc6cf
- CMYK 27/55/60/0
  RGB 178/131/100 #b28364

- CMYK 15/50/55/40
  RGB 141/103/79 #8d674f
- CMYK 10/0/10/0
  RGB 238/245/236 #eef5ec
- CMYK 65/45/0/0
  RGB 110/128/189 #6e80bd
- CMYK 15/25/0/5
  RGB 207/192/216 #cfc0d8

- CMYK 15/40/40/0
  RGB 205/166/144 #cda690
- CMYK 15/5/30/0
  RGB 226/230/193 #e2e6c1
- CMYK 16/10/0/20
  RGB 190/194/208 #bec2d0
- CMYK 50/0/25/0
  RGB 156/202/199 #9ccac7

- CMYK 80/10/45/0
  RGB 81/161/153 #51a199
- CMYK 15/20/35/0
  RGB 217/204/171 #d9ccab
- CMYK 10/5/5/0
  RGB 235/238/240 #ebeef0
- CMYK 15/50/55/30
  RGB 157/115/88 #9d7358

- CMYK 0/15/40/0
  RGB 245/223/167 #f5dfa7
- CMYK 38/0/20/0
  RGB 182/216/211 #b6d8d3
- CMYK 20/5/30/0
  RGB 216/225/192 #d8e1c0
- CMYK 15/50/55/30
  RGB 157/115/88 #9d7358
- CMYK 0/5/10/0
  RGB 252/246/233 #fcf6e9

- CMYK 15/50/55/30
  RGB 157/115/88 #9d7358
- CMYK 75/95/39/15
  RGB 78/44/92 #4e2c5c
- CMYK 50/35/0/0
  RGB 143/154/203 #8f9acb
- CMYK 45/65/0/0
  RGB 142/104/166 #8e68a6
- CMYK 100/65/0/0
  RGB 18/85/163 #1255a3

- CMYK 0/25/5/0
  RGB 238/209/219 #eed1db
- CMYK 55/85/100/35
  RGB 93/51/33 #5d3321
- CMYK 5/0/35/0
  RGB 247/246/189 #f7f6bd
- CMYK 25/0/15/0
  RGB 209/230/223 #d1e6df
- CMYK 40/0/65/0
  RGB 180/208/123 #b4d07b

CMYK
0 / 1 / 0 / 0
RGB
254 / 253 / 254
#fefdfe

CMYK
41 / 29 / 32 / 0
RGB
165 / 170 / 166
#a5aaa6

CMYK
68 / 45 / 74 / 2
RGB
109 / 126 / 90
#6d7e5a

CMYK
82 / 62 / 100 / 40
RGB
56 / 70 / 41
#384629

CMYK
75 / 60 / 70 / 85
RGB
15 / 18 / 16
#0f1210

black / white

白黒

ホワイトとブラックは無彩色なので、基本的にはどの色相の色とも合わせることができます。モノクロにした時に、ホワイト、グレー、ブラックのバランスを考えて配色するとよいでしょう。ブラックは、使う面積が大きすぎると重たい印象になるため、部分的に使うのがポイントです。全体が引き締まり、シャープでモダンなイメージになります。

	CMYK	70/60/60/80
	RGB	36/35/33
		#242321

	CMYK	58/62/60/6
	RGB	118/102/95
		#76665f

	CMYK	13/18/16/0
	RGB	223/212/207
		#dfd4cf

	CMYK	9/8/7/0
	RGB	235/233/234
		#ebe9ea

	CMYK	10/3/2/0
	RGB	237/243/249
		#edf3f9

	CMYK	56/79/68/19
	RGB	109/69/70
		#6d4546

	CMYK	16/25/22/0
	RGB	215/198/190
		#d7c6be

	CMYK	25/19/18/0
	RGB	199/199/199
		#c7c7c7

	CMYK	81/76/74/52
	RGB	47/47/47
		#2f2f2f

	CMYK	73/63/68/87
	RGB	6/6/6
		#060606

black / white

CMYK	CMYK	CMYK	CMYK	CMYK
77/64/64/88	70/60/55/75	73/70/73/37	29/25/26/0	4/3/4/0
RGB	RGB	RGB	RGB	RGB
2/1/4	34/35/42	70/65/59	190/186/180	247/247/246
#020104	#22232a	#46413b	#bebab4	#f7f7f6

 CMYK 78/71/65/80
RGB 16/17/24
#101118

 CMYK 72/64/55/10
RGB 90/91/98
#5a5b62

 CMYK 9/7/4/0
RGB 235/236/240
#ebecf0

 CMYK 29/20/10/0
RGB 193/197/214
#c1c5d6

 CMYK 62/49/24/0
RGB 120/127/160
#787fa0

CMYK
29/13/12/0
RGB
196/208/217
#c4d0d9

CMYK
23/11/12/0
RGB
209/217/220
#d1d9dc

CMYK
17/9/10/0
RGB
221/226/227
#dde2e3

CMYK
44/36/35/0
RGB
157/156/154
#9d9c9a

CMYK
64/53/47/0
RGB
114/116/122
#72747a

black / white

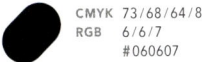
CMYK 73/68/64/86
RGB 6/6/7
#060607

CMYK 85/70/60/75
RGB 17/31/40
#111f28

CMYK 78/67/62/22
RGB 72/78/82
#484e52

CMYK 38/22/18/0
RGB 175/185/197
#afb9c5

CMYK 10/23/30/0
RGB 227/205/179
#e3cdb3

CMYK 35/19/15/0
RGB 183/194/206
#b7c2ce

CMYK 15/6/5/0
RGB 225/232/239
#e1e8ef

CMYK 10/6/4/0
RGB 235/238/243
#ebeef3

CMYK 3/2/1/0
RGB 249/250/252
#f9fafc

CMYK 83/78/77/60
RGB 38/38/38
#262626

CMYK 69/62/53/6
RGB 99/98/104
#636268

CMYK 31/25/24/0
RGB 185/184/184
#b9b8b8

CMYK 2/1/4/0
RGB 252/252/247
#fcfcf7

CMYK 7/11/13/0
RGB 237/230/222
#ede6de

CMYK 53/13/14/0
RGB 148/190/215
#94bed7

247

CMYK 79/77/77/56
RGB 46/43/41
#2e2b29

CMYK 66/60/63/11
RGB 102/98/90
#66625a

CMYK 26/15/19/0
RGB 201/206/203
#c9cecb

CMYK 19/13/12/0
RGB 214/216/218
#d6d8da

CMYK 8/5/4/0
RGB 239/241/244
#eff1f4

CMYK 72/58/60/90
RGB 8/10/5
#080a05

CMYK 34/74/100/1
RGB 164/93/39
#a45d27

CMYK 39/40/56/0
RGB 167/152/119
#a79877

CMYK 33/33/39/0
RGB 180/169/151
#b4a997

CMYK 0/0/0/0
RGB 255/255/255
#ffffff

black / white

CMYK
70 / 58 / 74 / 87
RGB
18 / 19 / 21
#121315

CMYK
62 / 50 / 42 / 0
RGB
119 / 123 / 132
#777b84

CMYK
40 / 44 / 58 / 0
RGB
163 / 144 / 112
#a39070

CMYK
27 / 20 / 19 / 0
RGB
195 / 196 / 198
#c3c4c6

CMYK
11 / 13 / 17 / 0
RGB
229 / 223 / 211
#e5dfd3

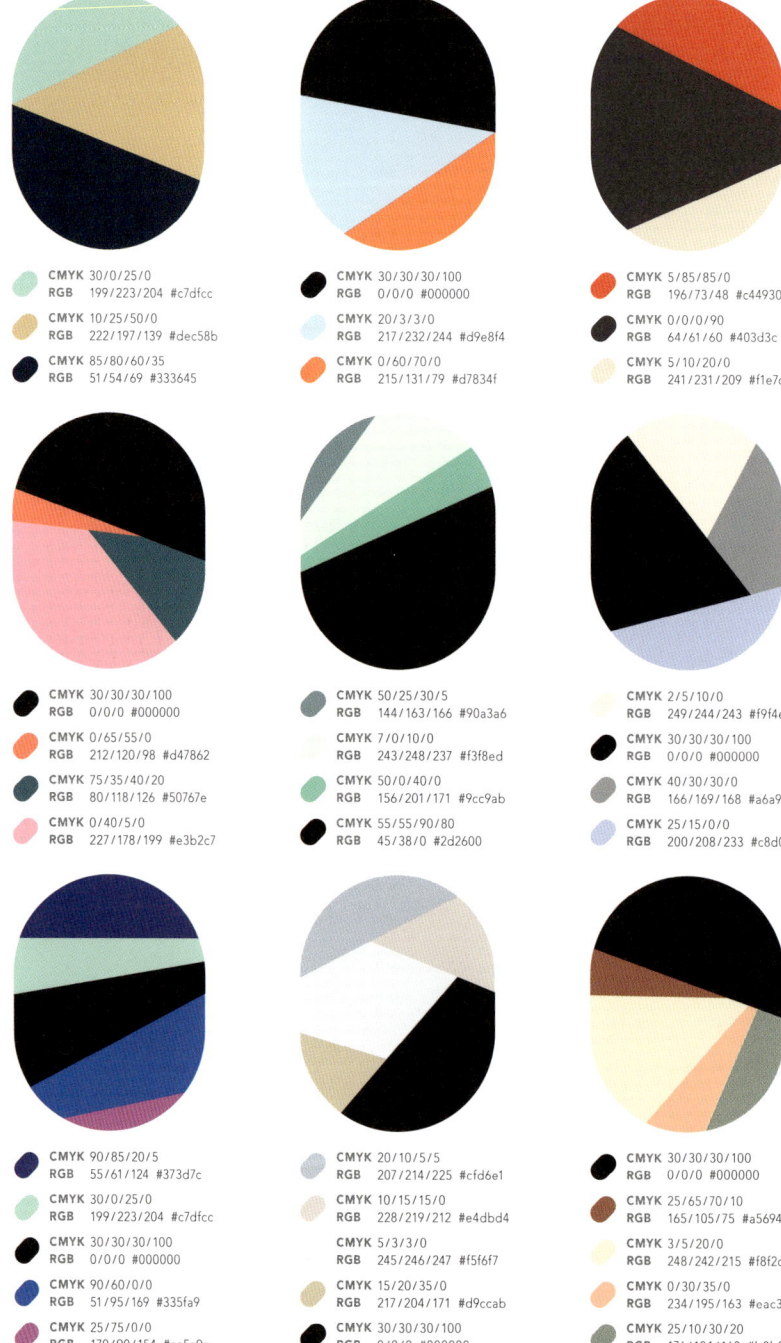

black / white

- CMYK 25/80/0/0
  RGB 168/78/148 #a84e94
- CMYK 30/30/30/100
  RGB 0/0/0 #000000
- CMYK 10/0/100/0
  RGB 238/232/0 #eee800

- CMYK 0/15/10/0
  RGB 245/228/222 #f5e4de
- CMYK 45/3/30/0
  RGB 166/204/189 #a6ccbd
- CMYK 60/60/60/60
  RGB 63/57/53 #3f3935

- CMYK 30/30/30/100
  RGB 0/0/0 #000000
- CMYK 0/45/75/0
  RGB 224/162/78 #e0a24e
- CMYK 5/5/10/0
  RGB 244/242/232 #f4f2e8

- CMYK 0/5/10/0
  RGB 252/246/233 #fcf6e9
- CMYK 55/35/40/5
  RGB 131/144/142 #83908e
- CMYK 10/50/80/0
  RGB 207/147/69 #cf9345
- CMYK 30/30/30/100
  RGB 0/0/0 #000000

- CMYK 80/45/0/0
  RGB 75/119/187 #4b77bb
- CMYK 30/30/30/100
  RGB 0/0/0 #000000
- CMYK 0/85/70/0
  RGB 202/73/65 #ca4941
- CMYK 10/5/0/0
  RGB 235/238/248 #ebeef8

- CMYK 20/5/10/0
  RGB 216/228/229 #d8e4e5
- CMYK 55/20/35/0
  RGB 139/171/166 #8baba6
- CMYK 15/15/25/0
  RGB 220/214/193 #dcd6c1
- CMYK 30/30/30/100
  RGB 0/0/0 #000000

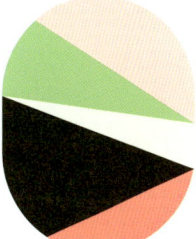

- CMYK 0/15/15/0
  RGB 245/227/214 #f5e3d6
- CMYK 35/0/65/0
  RGB 190/213/123 #bed57b
- CMYK 5/0/10/0
  RGB 247/249/237 #f7f9ed
- CMYK 0/0/0/95
  RGB 38/34/0 #262200
- CMYK 0/55/40/0
  RGB 217/143/130 #d98f82

- CMYK 30/30/30/100
  RGB 0/0/0 #000000
- CMYK 15/5/5/5
  RGB 219/226/232 #dbe2e8
- CMYK 10/15/15/0
  RGB 228/219/212 #e4dbd4
- CMYK 30/60/40/25
  RGB 141/100/104 #8d6468
- CMYK 0/5/10/0
  RGB 252/246/233 #fcf6e9

- CMYK 15/55/75/0
  RGB 197/135/76 #c5874c
- CMYK 3/5/20/0
  RGB 248/242/215 #f8f2d7
- CMYK 70/50/25/0
  RGB 100/118/153 #647699
- CMYK 0/25/5/0
  RGB 238/209/219 #eed1db
- CMYK 70/82/82/62
  RGB 50/33/30 #32211e

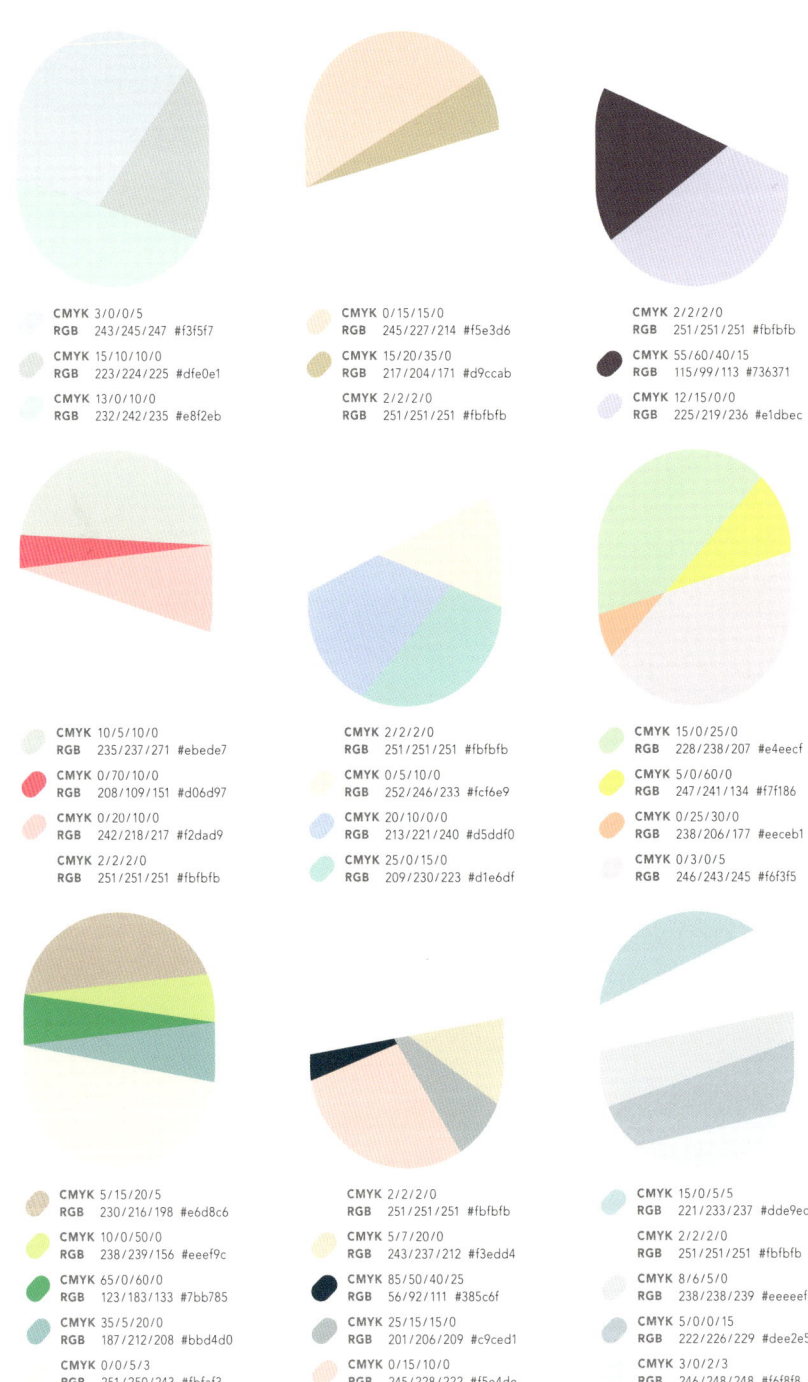

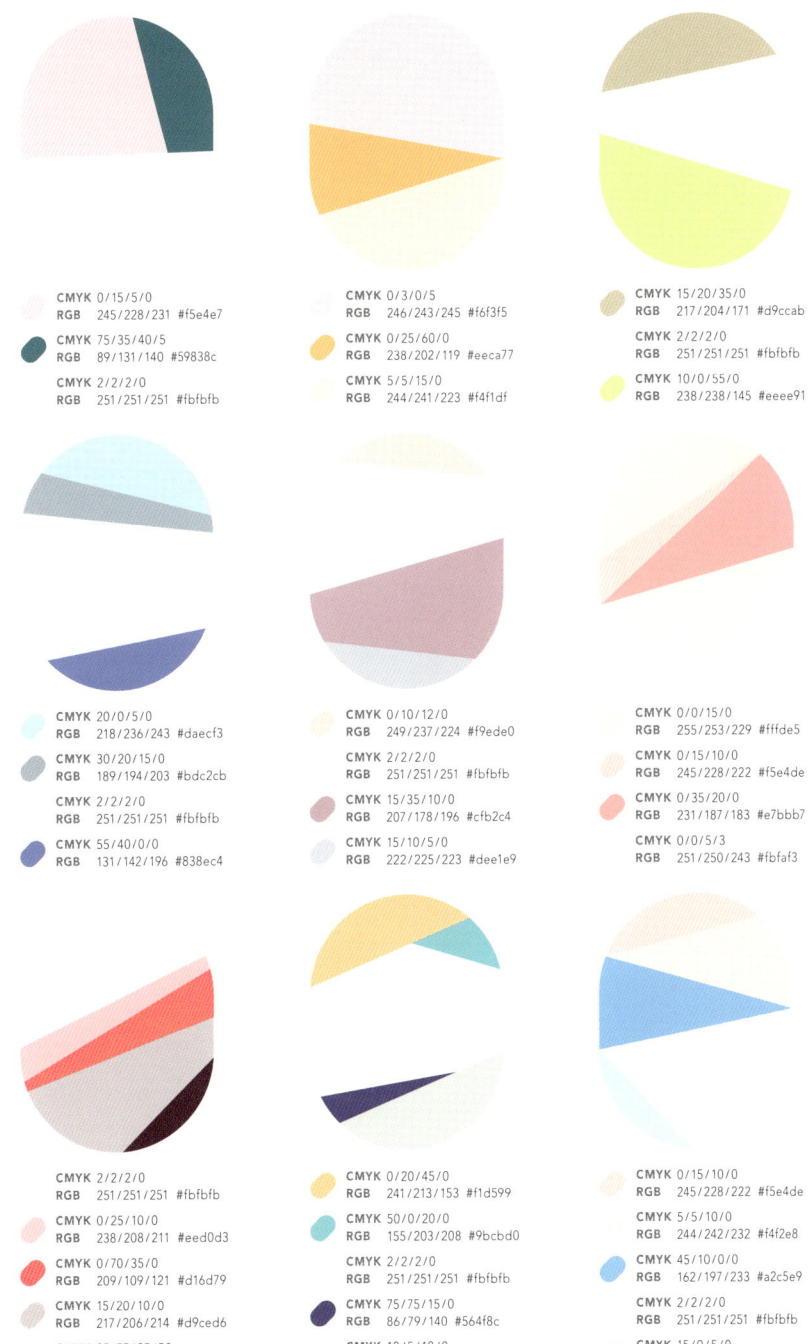

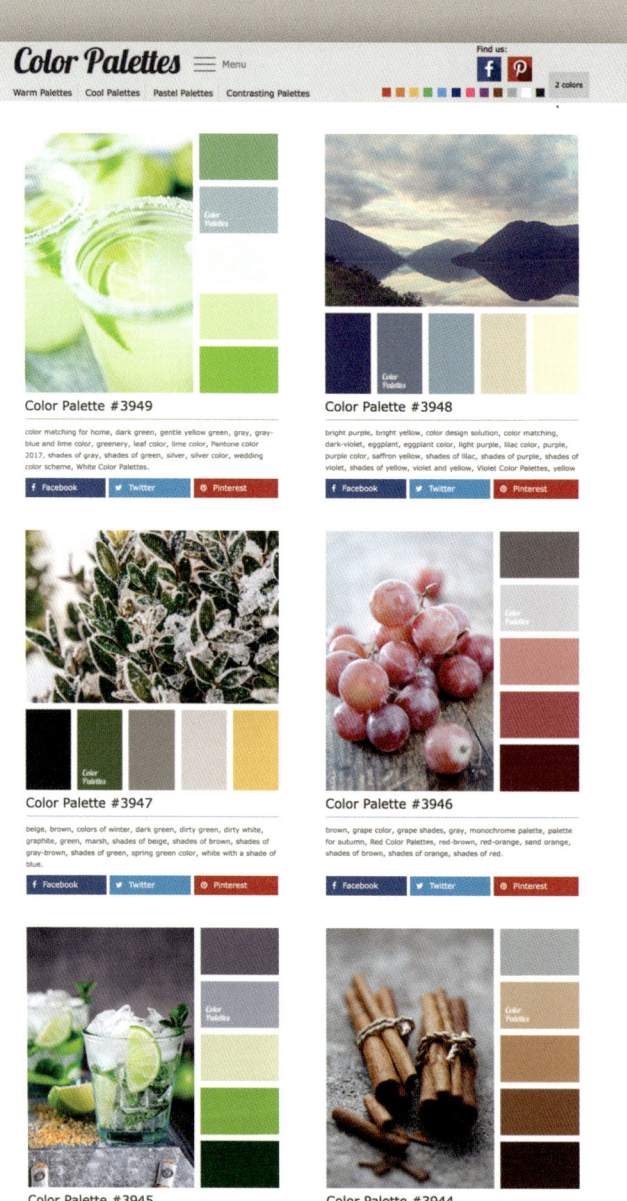

Color Palettes　colorpalettes.net

「Color Palettes」は、デザイナーで写真家の
ユーリ・ロマニュクが運営する配色サイト。
世界6か国語（英語、ロシア語、ドイツ語、
スペイン語、ポーランド語、フランス語）で展開され、
SNSの合計フォロワー数13万人の人気サイトです。
著者が撮影した写真（一部、著者以外の写真もあります）と、
その写真から抽出された5色の配色が表示されています。
各配色から受けるイメージが言葉で表現されており、
キーワードで検索することも可能です。
Webサイトでは Webカラーのみの表示ですが、
本書ではCMYKとRGBの数値も併記しています。

Yuri Romanuke　ユーリ・ロマニュク

ユーリ・ロマニュクとアレックス・ロマニュクは、
15年の経験を持つグラフィックおよびUI/UXデザイナーです。
これまでに数多くの印刷物、Webサイト、
ユーザーインターフェイスを制作してきました。
2012年には、何千ものカラーパレットを集めた
colorpalettes.comを立ち上げました。
このWebサイトは6カ国語に翻訳され、
プロのデザイナー、インスピレーションや配色を求める人々など、
世界中の何百万人ものユーザーに利用されています。

配色パターンブック
写真からつくる美しい配色 1000

2022年1月15日　初版第1刷発行

著者・写真	ユーリ・ロマニュク（colorpalettes.net）
編者	ビー・エヌ・エヌ編集部
デザイン	柴田沙央里
DTP	コントヨコ
写真調整	守田篤史
編集	宮後優子
発行人	上原哲郎
発行所	株式会社 ビー・エヌ・エヌ
	〒150-0022 東京都渋谷区恵比寿南一丁目20番6号
	Fax 03-5725-1511
	E-mail info@bnn.co.jp
	URL www.bnn.co.jp
印刷・製本	シナノ印刷株式会社

・本書の一部または全部について、個人で使用するほかは、
　著作権上（株）ビー・エヌ・エヌおよび
　著作権者の承諾を得ずに無断で複写・複製することは禁じられております。
・本書の内容に関するお問い合わせは弊社Webサイトから、
　またはお名前とご連絡先を明記のうえE-mailにてご連絡ください。
・乱丁本・落丁本はお取り替えいたします。
・定価はカバーに記載されております。

ISBN 978-4-8025-1226-8
©2022 Yuri Romanuke
Printed in Japan